Willy Brandt

rowohlts monographien
begründet von Kurt Kusenberg
herausgegeben von Wolfgang Müller
und Uwe Naumann

Willy Brandt

Dargestellt von Carola Stern

Rowohlt Taschenbuch Verlag

Umschlagvorderseite: Willy Brandt, 1983
Umschlagrückseite: Willy Brandt in Norwegen, 1940
Die Friedensnobelpreis-Urkunde, 1971

Seite 3: Willy Brandt, 1975
Seite 6: Willy Brandt auf einer SPD-Kundgebung, 1990

Überarbeitete und erweiterte
Neuausgabe August 2002

Veröffentlicht im Rowohlt Taschenbuch Verlag
GmbH, Reinbek bei Hamburg, Dezember 1988
Copyright © 1988, 2002 by Rowohlt Taschenbuch Verlag
GmbH, Reinbek bei Hamburg
Umschlaggestaltung Ivar Bläsi
Redaktionsassistenz Katrin Finkemeier
Reihentypographie Daniel Sauthoff
Herstellung Gabriele Boekholt
Satz PE *Proforma und* Foundry Sans *PostScript,*
QuarkXPress 4.1
Gesamtherstellung Clausen & Bosse, Leck
Printed in Germany
ISBN 3 499 50576 2

Die Schreibweise entspricht den Regeln
der neuen Rechtschreibung.

INHALT

Kindheit und Jugend – Lübeck	7	1913–33
Emigration – Skandinavien	22	1933–46
Berlin	44	1946–66
Kanzlerkandidat	69	1960–65
Der Außenminister	87	1966–69
Der Bundeskanzler	105	1969–74
Weltbürger und Patriot	144	1974–92
Anmerkungen	163	
Zeittafel	172	
Zeugnisse	174	
Bibliographie	177	
Namenregister	184	
Über die Autorin	187	
Dank	188	
Quellennachweis der Abbildungen	189	

Kindheit und Jugend – Lübeck (1913 – 33)

Alle streben danach, «sich abzurackern und frühzeitig fertig zu machen. Hab's zwar auch nicht besser getrieben, aber ich hab's ausgehalten», schreibt der dreiundsiebzigjährige August Bebel im Sommer 1913 aus der Schweiz an Karl Kautsky. «Freilich nun ist's aus.» Am 13. August, ein Jahr vor Ausbruch des Ersten Weltkriegs, stirbt der Vorsitzende der damals größten und erfolgreichsten sozialdemokratischen Partei Europas unweit von Chur in einem Sanatorium.

Über ein halbes Jahrhundert später sieht einer der Nachfolger Bebels in der SPD, der Bundeskanzler Willy Brandt, endlich die Chance gekommen, *den großen Ausgleich zu schaffen, von dem Bebel schon gesprochen hat, [...] das Vaterland der Liebe und der Gerechtigkeit zu gestalten – soweit man dies auf Erden zustande bringen kann*[1].

Wie ernst war dies Programm gemeint? Wurde einer Tradition die Reverenz erwiesen? Sollte sozialdemokratische Kontinuität beschworen werden? Oder wollte ein Politiker mitten im Atomzeitalter, nicht mehr weit entfernt vom Jahr 2000, ernsthaft wagen, eine schöne Utopie des 19. Jahrhunderts zu verwirklichen? Stammen Brandts politische Motive aus der deutschen Arbeiterbewegung des vorletzten Jahrhunderts, aus der Sozialdemokratie der Bebel-Zeit?

Als Bebel stirbt, kommt Brandt zur Welt – nur wenig später, doch noch im selben Jahr; wird er in den Sozialismus *sozusagen hineingeboren*. Dieser Sozialismus hat in den zwei Jahrzehnten, in denen Brandt in Lübeck aufwächst, noch viel mit dem des Kaiserreichs zu tun. Gewiss, als der Junge bei der Kindergruppe des Arbeitersportvereins und den sozialistischen Kinderfreunden angemeldet wird, ist Deutschland Republik. Als er zur Jugendweihe geht, regiert in seiner Heimat, der 700 Jahre alten «Stadt der sieben Türme», erstmals ein Sozialdemo-

August Bebel

krat als Bürgermeister. Als er Mitglied der Sozialistischen Arbeiterjugend (SAJ) wird, wählt der Reichstag in Berlin den Sozialdemokraten Hermann Müller zum Kanzler einer Koalitionsregierung. Im Unterschied zum Kaiserreich sind die Sozialdemokraten an der Macht beteiligt. Aber das heißt nicht, dass sie sich gleichberechtigt, als Bürger unter Bürgern fühlen können. Die meisten einfachen Parteimitglieder leben weiter am Rand der Gesellschaft, halb freiwillig und halb dazu gezwungen – jedenfalls in einer so traditionsreich-bürgerlichen, so lange von Patriziern beherrschten alten Hansestadt wie Lübeck. «Dieselbe riecht wahrhaft wohlhabend, stinkt sozusagen behäbig», hat Heinrich Mann über seine Vaterstadt geschrieben. Wie die Bürger sind auch die Sozialdemokraten hier besonders traditionsbewusst. Stolz erinnern sich alte SPD-Mitglieder des Lübecker Parteitages 1901, auf dem Bebel die alte

freie Reichsstadt als Hochburg der Sozialdemokratie gefeiert
hatte. Mit der Zahl der Industriebetriebe in der Stadt war auch
die Zahl der SPD-Mitglieder gestiegen. 1913, als Willy Brandt
geboren wurde, gab es bereits 6000 Sozialdemokraten in Lübeck, und trotz Behinderung durch das Klassenwahlrecht sa-
ßen vier von ihnen in der Bürgerschaft.

Ob Kaiserreich, ob Republik – die Bürger hatten ihre Zir-
kel, Soireen, Vereine und Vergnügen, die «Sozis» ihren eigenen Staat im Staat. Lübsche Bürger besaßen Abonnements im
Stadttheater, lübsche Arbeiter besuchten proletarische Feier-
stunden, auf denen Sprechchorwerke dargeboten wurden. Bürger vergnügten sich beim Schützenfest, Genossen beim Stif-
tungsfest des Arbeiterrad- und Kraftfahrbundes «Solidarität»
oder bei der freireligiösen Sonnenwendfeier, wo die Tanzgrup-
pe der Naturfreunde und ein Bewegungschor auftraten. Ein
Bürger Lübecks war der spätere Ehrenbürger nicht. Seine Heimat ist die Lübecker Genossenwelt der zwanziger und frühen
dreißiger Jahre. *Wenn man mich heute fragt, wie ich Sozialist wurde, müsste ich antworten: Durch meine Mutter. Sie war zwar damals sehr jung [erst 19, als der Sohn geboren wurde] aber [...] mit 18
war sie schon in der Gewerkschaftsjugend, der Kulturgruppe, der
Genossenschaft. So wurde ich nicht nur in die sozialistische und Gewerkschaftsbewegung hineingeboren – ich wuchs mit ihnen auf.*[2]
Martha Frahm war Verkäuferin beim Konsum und hatte
nur wenig Zeit, sich um den Sohn zu kümmern. Sein Großvater, genauer wohl sein Adoptiv-Großvater, hat ihn weit mehr
beeinflusst als die Mutter; auch diese kam vermutlich als nicht
eheliches Kind noch vor der Heirat ihrer Mutter mit einem anderen Mann als Marthas Vater, eben mit Ludwig Frahm, zur
Welt. Ludwig Frahm war wie viele andere Landarbeiter aus
dem Mecklenburgischen mit Marthas Mutter und dem Kind
nach Lübeck zugezogen, zunächst Arbeiter, dann Lastwagen-
fahrer in einem Großbetrieb und aktives SPD-Mitglied geworden. Aus dem Krieg zurückgekehrt, heiratete der nun Verwit-
wete 1919 wieder, fand in der Arbeitervorstadt St. Lorenz eine
Wohnung und nahm den Enkel Herbert zu sich. Den Namen
seines Vaters, des Hamburger Buchhalters John Möller, erfuhr

Herbert Frahm und seine Mutter, 1915

der Junge später, weigerte sich jedoch auch nach dem Zweiten Weltkrieg noch, dem Vater zu begegnen.³

*Ich will es nicht dramatisieren, das mit der schwierigen Kindheit oder nicht ganz einfachen Kindheit. […] Ich möchte es nicht schwieriger machen, als es war. Man hat gut für mich gesorgt, das war es nicht. Aber […] man unterschied sich von anderen.*⁴

Jugendliches Aufbegehren richtet sich nicht gegen die Familie, sondern mit der zusammen gegen eine Bürgerwelt, in der nicht ehelich geboren zu werden als Makel gilt. Die Sehnsucht nach Gerechtigkeit und Liebe, der Glaube an den Sozialismus wird bekräftigt durch das doppelte Zurückgesetztsein.

Mit vierzehn erhält der aufgeweckte Junge eine Freistelle am Johanneum, einem der ältesten Gymnasien der Stadt. *[…] eine wichtige Etappe in meinem Leben, […] vor allem, weil ich zum ersten Mal in eine wenn nicht feindliche, so doch mir fremde Welt geriet.*⁵

Von den Mitschülern trennen ihn Herkunft und Interessen. *Meine Schulkameraden waren Experten in Autos, Fußball,*

Der Vater
John Möller

Der Großvater
Ludwig Frahm

Segelflug – ich war «der Politiker».[6] Das Verhältnis zueinander wird weniger durch politische Gegensätze als durch die Scheu des Schülers Frahm bestimmt, sich anderen Menschen anzuschließen. *Ich hatte viele Freunde, aber im Grunde keinen, der mir wirklich nahe war. […] Lange Jahre gewohnt, mit mir allein auszukommen, fiel es mir nicht leicht, meine Gefühle und innersten Gedanken mit anderen zu teilen.*[7]

Zunächst gehört der Außenseiter zu den besten Schülern des Gymnasiums. Später lässt er die Schulaufgaben oft links liegen, «die Politik» ist wichtiger. Deutsch und Geschichte waren seine Lieblingsfächer. Den Abituraufsatz in Geschichte schreibt der Junge über August Bebel und erhält, wie immer in Geschichte, im Abgangszeugnis eine Eins.

Sein «eigentliches Leben» spielt sich außerhalb der Schule ab, zunächst in der Roten-Falken-Gruppe, dann in der SAJ und SPD. Unter Gleichgesinnten ist er weniger scheu als in der Schule. Er kann großartig reden und wird als Wortführer der Jungens akzeptiert. Er kann auch besser als die anderen schrei-

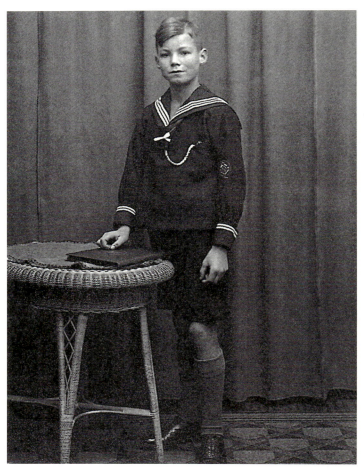

Der Schüler Herbert Frahm

ben. Für die sozialdemokratische Tageszeitung, den «Lübecker Volksboten», verfasst er schon als Fünfzehnjähriger Artikel. Der Kindertraum, «zur See zu gehen», Matrose, Kapitän zu werden, wird abgelöst durch ein Berufsziel: Journalist.

Im Unterschied zu anderen jungen Linken entwickelt der Schüler Frahm für den Marxismus nur begrenzt Interesse. Er

Abiturzeugnis, 1932

fühlt sich als «Politiker», nicht als «Theoretiker». Und um die bestehende Gesellschaft abzulehnen, bedarf er, im Unterschied zu Bürgersöhnen, nicht der theoretischen Begründung. An prononcierten sozialistischen Bekenntnissen fehlt es nicht in seinem Leben, doch auf Marx und Engels beruft er sich nur selten. Im Sozialismus sucht der Jüngling nicht vornehmlich ein Instrument zur Welterklärung, ein festes Denkgebäude, sondern vor allem eine idealistische Gemeinschaft Gleichgesinnter, die, wie es schon die Statuten der I. Internationale fordern, «Wahrheit, Gerechtigkeit und Sittlichkeit als Regeln ihres Verhaltens anerkennen». Sozialismus als Lebensform, die sozialistische Jugendbewegung als Heimat, als Ersatz für die Familie – Überzeugung und Gesinnung: Moralische Postulate sind bestimmend. Das Bedürfnis nach Verständnis, Anlehnung und Wärme muss *der Jugendliche aus dem vollproletarischen Haushalt* anderswo als im Elternhaus befriedigen: *[...] die Jugendbewegung gibt den Genossen einen Halt.*[8] *Wir müssen in den Gruppen viel mehr daran arbeiten, dass wir wirkliche Gemeinschaften werden. Gemeinsame Arbeit und gemeinsame Freude müssen die Leitworte der Gruppen sein.*[9] Unter anderen Umständen wäre der Junge vielleicht aktiver Christ geworden.

In der Lübecker Sozialdemokratie und in der sozialistischen Emigration fand der Vaterlose seine politischen Mentoren und geistigen Väter: Julius Leber und Jakob Walcher.

Julius Leber
Der väterliche Freund Willy Brandts wurde 1891 im Elsass als Sohn eines Landwirts geboren und studierte Geschichte und Volkswirtschaft. Als Mitglied der SPD nahm er als Freiwilliger am Ersten Weltkrieg teil. 1921 übertrug ihm seine Partei die Chefredaktion des «Lübecker Volksboten», und er wurde Mitglied der Lübecker Bürgerschaft. Von 1924 bis 1933 vertrat Leber die sozialdemokratische Wählerschaft der Stadt im Reichstag. Von 1933 bis 1937 im KZ und im Gefängnis. Danach setzte er seinen Widerstand gegen den NS-Staat in Zusammenarbeit mit Männern wie Mierendorff, Trott zu Solz und Stauffenberg fort. Am 4. Juli 1944 wurde Leber verhaftet, am 20. Oktober vom Volksgerichtshof zum Tod verurteilt und im Januar 1945 hingerichtet.

In der Beziehung zu diesen Männern holt er in Etappen, in einem langen, zeitweise schmerzlichen Prozess die Loslösung des Sohnes von der Gestalt des Vaters nach. Offen liegt das in der Beziehung zu Julius Leber.

Als Brandt 1929 in die SAJ, im Jahr darauf dann in die SPD eintrat, war Leber deren Vorsitzender in Lübeck. Die Verehrung und Bewunderung der Genossen galten seiner starken Persönlichkeit, entzündeten sich an der Leidenschaft, mit der er Politik betrieb, an seinem kämpferischen

Charakter, der mitreißenden Rednergabe eines Volkstribunen. Die jüngeren Genossen hatten politisch eine Menge an ihm auszusetzen. Leber war ein «Rechter» innerhalb der SPD, kein Klassenkämpfer, sondern ein radikaler Demokrat, nicht internationalistisch gesinnt, sondern patriotisch. Ihren Antimilitarismus hielt er für kurzsichtig und naiv. Einig war man sich in der Kritik am *unfruchtbaren Mittelmaß* vieler Funktionäre.

Julius Leber

Rückblickend erscheint es mir, als hätte ich, der ich vaterlos aufgewachsen war, in Bindungen und Spannungen zu ihm gestanden wie ein Sohn zu seinem Vater.[10]

Der Ältere erwidert die Sympathie des Jungen, schätzt und fördert ihn. *In meiner Zuneigung zu Leber fand ich mich selbst bestätigt. Sein Zuspruch und seine Anerkennung halfen Zweifel, die ich an mir haben mochte, zu zerstreuen; gerade weil er auch mit dem Tadel nicht zurückhielt und sich nicht scheute, mein jugendliches Ungestüm zu kritisieren. Er tat das mit leichter Ironie, die aber nie verletzend war. Er behandelte mich als seinesgleichen. Er nahm mich für voll.*[11]

Doch das «jugendliche Ungestüm» ist stärker als die Bindung an den väterlichen Freund. Die SPD erschüttern schwere innerparteiliche Konflikte. Lohnkürzungen, zunehmende Arbeitslosigkeit, die beginnende Weltwirtschaftskrise radikalisieren die Massen. Der linke Flügel der Partei gewinnt an Boden. Er erhält weitere Verstärkung, als sich die sozialdemokratische Reichstagsfraktion und die Parteiführung zu einer Tolerierungspolitik gegenüber dem rechtskonservativen Brüning-Kabinett entschließen, das mit Notverordnungen regiert. Es gehe darum, so wird die Tolerierungspolitik begründet, die

Reichsregierung nicht in die Arme der Rechtsradikalen zu treiben und die preußische Koalitionsregierung zwischen SPD und Zentrum zu erhalten. Das Kabinett Brüning zu tolerieren schwäche nicht die Demokratie, sondern trage dazu bei, sie zu erhalten. Die Parteilinke, insbesondere viele junge SPD-Mitglieder, werfen dagegen ihrer Führung vor, sich durch Kompromisse gegenüber konservativen sowie rechten Gruppen immer weiter vom Parteiprogramm, vom eigentlichen Ziel: dem Sozialismus, zu entfernen. Führung und Parteimehrheit reagieren mit Repressalien. Der Leipziger Parteitag im Sommer 1931 löst die Organisation der Jungsozialisten auf und beschränkt die Selbständigkeit der SAJ.

Auch in Lübeck verschärfen sich die Auseinandersetzungen. Die älteren SPD-Mitglieder stehen auf der Seite Lebers, der die Entscheidung der Führung und Fraktion bejaht. Die Jungen werden an die Parteidisziplin erinnert. Im «Lübecker Volksboten» antwortet Herbert Frahm auf die Ermahnungen der *Alten* und ihre *ewigen Erfahrungen und Abgeklärtheiten: Seid kameradschaftlich! Erkennt endlich, dass in politischer Hinsicht in unserer Organisation wirklich etwas mehr Toleranz am Platze ist. Erkennt doch endlich auch andere Anschauungen neben eurer an. Dabei herrscht ja auch meistens bei den Parteigenossen noch vollkommene Unklarheit über die wirklichen Gedankengänge dieser «radikalen Jugendlichen». So kann zum Beispiel die Jugend mit vollem Recht den Satz Republik, das ist nicht viel – Sozialismus ist das Ziel! zu ihrer Parole machen, ohne damit die Republik als Kampfobjekt der Alten zu verkennen. [...] Alle Genossen sollten stolz darauf sein, dass bei uns die Jugend nicht an solche Befehle von oben gebunden ist, wie die kommunistische Jugend an die Befehle ihrer Partei.*[12]

Beide Seiten fühlen sich in «vollem Recht» – die Alten in ihrer Kompromissbereitschaft aus Sorge um die Republik, die Jungen in ihrer Radikalität aus Sorge um den Sozialismus. Frahm und andere SAJler sind entschlossen, sich den linksoppositionellen Sozialdemokraten anzuschließen, die Anfang Oktober 1931 die Sozialistische Arbeiterpartei (SAP) gegründet haben – eine «revolutionäre Klassenpartei», vornehmlich von Intellektuellen und Jugendlichen. Im Lübecker Gewerkschaftshaus beschuldigen sich im Oktober 1931 der SPD-Vorstand der Stadt und die Rebellen, angeführt von dem Studenten Emil Peters und dem Schüler Herbert Frahm, gegenseitig des Verrats. Leber versucht, seinen Schützling in der SPD zu halten: «Sie wissen doch trotz Ihrer Jugend ein gutes Buch, einen guten Tropfen, die Gunst eines schönen Mädchens zu schätzen. Sie sind auch sonst ganz normal. Sie gehören nicht zu diesen Sektierern.»[13] Aber Frahm verlässt die SPD.

Es war die Bebel'sche Sozialdemokratie, die in den jungen Linkssozialisten lebendig war. Es war das, was mein Großvater mir eigentlich gesagt hatte, uns vermittelt hatte. Und es war das Unbefriedigtsein vom Weimarer Staat, wobei wir nur damals glaubten – das war der eigentliche Irrtum – dass es am zu geringen Sozialismus läge; es lag aber an der zu wenig kämpferischen Demokratie, kommentierte der Fünfzigjährige seinen Schritt.[14]

Nur etwa 2,5 Prozent der SPD-Mitglieder schließen sich der SAP an, über 25 000 Mitglieder kommt sie nie hinaus, bleibt immer eine Splittergruppe. In Lübeck verlassen nur Einzelne die SPD. Aber unter dem Einfluss Herbert Frahms wechseln etwa hundert Jugendliche, ein Viertel der SAJler Lübecks, zum Sozialistischen Jugendverband (SJV) der SAP. Frahm wird Vorsitzender. Wenige Monate später, bei den Reichstagswahlen im Juli 1932, kandidiert erstmals auch die SAP in Lübeck. Sie erhält 200 Stimmen (0,2 %). Stärkste Partei wird, auch dies ist neu in Lübeck, mit fast 36 000 Stimmen (41,2 %) die NSDAP. Im Laufe von nur zwei Jahren hat sich ihre Wählerschaft mehr als verdoppelt. Sechs Monate später kommt Hitler an die Macht.

Die Mitglieder der Lübecker SAP hatte der Schriftsteller Paul Frölich, einer der führenden Männer der Partei, schon kurz zuvor mit den wichtigsten Techniken des politischen Widerstands vertraut gemacht. Nach dem 30. Januar verfasste Herbert Frahm, nach dem Abitur Volontär bei einer Lübecker Schiffsmaklerfirma, zusammen mit seinem Genossen Emil Peters illegale Flugblätter. «Eine Frau war bereit», erinnert sich Peters, «in ihrer Wohnung unter Lebensgefahr die Wachsmatrizen zu schreiben. Wir versteckten sie unter dem Teppich.

Mein Freund Werner Häuer [...] zeigte uns den Weg in das Büro seines Vaters. Dort stiegen wir in der Nacht über den Dachboden ein, um an den Vervielfältigungsapparat heranzukommen. Je fünf Zeitungen steckten wir dann in einen Umschlag, und in der nächsten Nacht schlichen wir von hinten durch die Gärten an die Hausbriefkästen und warfen die Umschläge hinein.»[15]

Bereits im Februar und März 1933 waren Lübecker SAPler festgenommen worden. Durch Zufall erhielt Peters, als Referendar am Schöffengericht tätig, Einblick in die Verneh-

SPD und SAP in der Weimarer Republik

1919   Wahl Friedrich Eberts (SPD) zum Reichspräsidenten. SPD, Demokraten und Zentrum bilden die erste Nachkriegsregierung, die so genannte Weimarer Koalition.

1920   Bei vorgezogenen Reichstagswahlen verlieren die Parteien der Weimarer Koalition die absolute Mehrheit. Bis 1928 gehören Sozialdemokraten nur noch kurzfristig der Regierung an.

1925   Tod Friedrich Eberts. Der Kandidat der vereinigten Rechtsparteien Paul von Hindenburg wird Reichspräsident.

1930   Die letzte parlamentarische Regierung der Weimarer Republik, die von dem Sozialdemokraten Hermann Müller 1928 gebildete große Koalition, zerbricht.

1931   Auf dem Leipziger Parteitag der SPD unterliegen jene Delegierte, die gegen eine weitere Tolerierung des mit Notverordnungen regierenden Kabinetts Brüning opponieren. Wortführer dieser Opposition, Max Seydewitz und Kurt Rosenfeld, sowie aus der SPD ausgetretene Intellektuelle und Jugendliche gründen die Sozialistische Arbeiterpartei (SAP) und betonen in einem Aktionsprogramm die Notwendigkeit des Klassenkampfes gegen die bürgerliche Gesellschaft.

1932   «Sozialismus oder Untergang in die Barbarei»: Unter dieser Losung bekennt sich der SAP-Parteitag in Berlin zum revolutionären Kampf, um die Weltwirtschaftskrise und den Kapitalismus zu überwinden und die politische Macht des Proletariats zu erobern.

1933   Reichspräsident von Hindenburg ernennt Adolf Hitler zum Reichskanzler. Zahlreiche Hitlergegner, in der Mehrzahl Sozialisten und Kommunisten, werden verhaftet und in Konzentrationslager eingeliefert. Andere fliehen. Die Neubildung oder Weiterführung von Parteien mit Ausnahme der NSDAP wird verboten.

mungsprozokolle und entnahm daraus, dass sich der Verdacht gegen Frahm zuspitzte, Verfasser illegaler Flugschriften zu sein. Frahm entschließt sich zu fliehen. In der Nacht zum 1. April bringt ihn ein Fischer von Travemünde über die Ostsee nach Dänemark. Nach einigen Tagen fährt er nach Oslo weiter. Dort kommt der Flüchtling mit einigen Hemden in der Aktentasche, dem ersten Band des «Kapital», 100 Reichsmark und einem neuen Namen an. Der Neunzehnjährige nennt sich Willy Brandt.

Einen Decknamen zu benutzen gehört zu den Voraussetzungen der illegalen Arbeit. Auch jene Emigranten, die wie Brandt vom Ausland her Verbindung zum Widerstand in Deutschland hielten und wegen politischer Aktivitäten unter Umständen Schwierigkeiten in ihrem Gastland zu befürchten hatten, bedienten sich bestimmter Pseudonyme, die nur die Eingeweihten kennen sollten. Brandt unterscheidet sich darin nicht von anderen Flüchtlingen und Illegalen. Als er im Februar 1933 über Berlin nach Dresden reiste, um an einer illegalen Konferenz seiner Partei in einem Dresdener Vorort teilzunehmen, tarnte er sich erstmals mit dem Namen Willy Brandt.[16] Unter diesem Pseudonym schrieb er in der Emigration mehrere Bücher sowie zahlreiche Artikel. Allein schon deshalb leuchtet ein, dass Brandt, im Unterschied zu anderen Re-Emigranten, den selbst gewählten Namen auch nach 1945 beibehielt. Willy Brandt kannte man bereits, Herbert Frahm war unbekannt. Und doch muss ihm der neue Name mehr bedeutet haben als ein nützliches Pseudonym. Frahm stand für Enge und Bedrückung, für Allein- und Unerwünschtsein, für eine unintellektuelle Lebensatmosphäre. Der Neunzehnjährige will ein eigenes Leben. Es beginnt mit einem eigenen Namen.

Von dem Knaben Herbert Frahm, von seinen ersten vierzehn Jahren, habe ich nur eine sehr unklare Erinnerung behalten. [...] Ein undurchsichtiger Schleier hängt über diesen Jahren. Es ist schwer für mich, zu glauben, dass der Knabe Herbert Frahm ich selber war.[17]

Seiner Heimatstadt hat Brandt zwar später höflich Reverenz erwiesen: *Ich trug immer ein Stück von Lübeck in mir* oder *Ich bin immer ein Lübecker geblieben*, aber einen typischen Lübecker

Lübeck, um 1900. Fotochrom

mag man Brandt nicht nennen. Etwas von einem typisch Norddeutschen hatte er gewiss mit seinem Hang zum Grübeln, zum In-sich-selbst-Verkriechen und zur Schwermut. Es sich leicht zu machen ist nicht die Art der Menschen dieser Landschaft; ihr Problem ist es, alles viel zu schwer zu nehmen. Gefühle werden nicht zu Markte getragen, sondern lieber tief verschlossen. Werden sie geäußert, sind sie manchmal mit Rührseligkeit versetzt. *Wissen Sie, wie die meisten Menschen aus dem Norden bin ich im Grunde sentimental*[18], gesteht der Sechzigjährige der Journalistin, die seine Reserve und Verschlossenheit beklagt, und erzählt eine Anekdote, die es an der Ostsee in verschiedenen Variationen gibt: Die Geschichte von den beiden norwegischen Bauern, die jeder für sich auf einem Berghang leben und von Zeit zu Zeit einen miteinander heben. *Ein Glas nach dem anderen. Erst als der Gast das letzte Glas geleert hat, sagte er «Skol». Der Gastgeber entgegnet wütend: «Du dummer Kerl, bist du gekommen, um zu trinken oder um zu schwatzen?»* Das ist die andere Seite: Brandts Vorliebe für Witze, seine Freude an Gesellschaft und einnehmende Verbindlichkeit. Gegensätze stehen dicht beisammen.

Um seiner Heimatstadt gerecht zu werden: Die alten Hansestädte an der Ostsee haben auch Weltoffenheit vermittelt. Es überzeugt, wenn Brandt seiner Vaterstadt Dank dafür zollt, dass sie ihm *im höchst persönlichen Sinne* Tor zum Norden war. Der Emigrant kam nicht in eine für ihn völlig fremde Welt. Fast überall in Skandinavien begegnete er einem Stück der Hanse, einem *Stück von Lübeck* wieder. Als er die Ehrenbürgerwürde seiner Heimatstadt erhielt, zog Lübecks Bürgermeister aus den Erfahrungen mit Thomas Mann und Willy Brandt die Lehre: «Diese geschichtsträchtige Stadt ist reich an Besonderheiten. Dazu zählt offenbar auch, dass man sie anscheinend verlassen muss, um einen Namen zu erwerben, den die Welt kennt.»

Emigration – Skandinavien (1933 – 46)

Ich erinnere mich – es muss irgendwann ziemlich bald nach meiner Ankunft in Norwegen gewesen sein, erzählte der Bundeskanzler Brandt, *ich wanderte an einem Fjord entlang und memorierte die Rede, die ich nach meiner Rückkehr nach Lübeck halten wollte.*[19] Kein deutscher Flüchtling, auch Brandt nicht, ahnte damals, wie lange Hitler herrschen würde.

Die für jeden Menschen so entscheidenden Jahre zwischen zwanzig und dreißig erlebte Brandt außerhalb des nationalsozialistischen Deutschlands in zwei Welten: in der Welt der deutschen Emigranten u n d in der Welt der skandinavischen, insbesondere der norwegischen, Sozialdemokratie. Gewiss, beide waren sozialistisch, aber sie unterschieden sich im Laufe der Jahre immer mehr. Brandts «Zweisprachigkeit» – er lernte sehr schnell fließend Norwegisch, und seine in der einen oder anderen Sprache abgefassten Schriften unterscheiden sich in den politischen Akzenten – findet ihre Erklärung in dieser Unterschiedlichkeit. Er lebte ab 1933 mit und zwischen NAP (Norwegische Arbeiterpartei) und SAP, zwischen Reform und Revolution – deutschsprachig mehr zur SAP, norwegisch mehr zur NAP tendierend. Bestimmend für seine Politik nach 1945 blieben die norwegischen Erfahrungen. Aber als «der Norweger» Brandt schon ein sozialdemokratischer Reformer war, war der Deutsche noch ein revolutionärer Sozialist.

Wie unterschieden sich die beiden Welten? Die norwegische und die schwedische Sozialdemokratie waren siegreiche Parteien. Die Emigranten kannten keine Siege, erlebten «eine Niederlage nach der anderen», «im großen und im kleinen, im politischen und persönlichen Bereich» (Bruno Kreisky). Wie so viele politische Flüchtlinge vor und nach ihnen lebten auch sie zwischen Resignation und Hoffnung, Passivität und nervöser Übergeschäftigkeit, Illusion und Selbstanklage, oft einfach

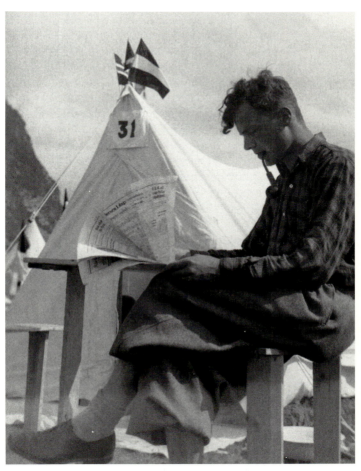

Im norwegischen Exil

auf der Jagd nach dem Lebensminimum, einem Bett, Essen, Geld, der Aufenthaltsgenehmigung, der «Lebenserlaubnis», wie sie Günther Anders nennt. Überall, wo sie zusammentrafen, diskutierten sie. Diskutieren war für viele zur einzigen Form geworden, in der sich ihre politische Existenz ausdrückte. «Diskussion, das war für uns das Ringen um Klarheit über das, was ist», schreibt Bruno Kreisky. Man muss auch die andere Seite sehen: *Die Diskussionen in der Emigration blieben vielfach weltfremd und rechthaberisch*, schreibt Brandt.[20] Eine alte Erfahrung bestätigte sich hier: Je weniger Erfolgsaussicht für ein politisches Programm besteht, umso erbitterter wird darum gerungen. Das gilt für sozialistische Splittergruppen mit ihrer «Theoriebesessenheit» besonders, in der Enge des Exils steigert es sich noch. Man zerwirft sich über Chimären, spaltet sich in immer neue kleine Gruppen, *sodass man mit bitterem Scherz von den Emigrantengruppen als von «niederen Lebewesen» sprach, «die sich durch Spaltung fortpflanzen»*[21].

Die SAP-Gruppe in Oslo beispielsweise bestand aus zwölf Mitgliedern, aufgeteilt in die «Brandt-» und die «Anti-Brandt-Fraktion». Der «Kampf» zwischen beiden wurde in umfangreichen «Dokumenten» ausgetragen. Auch in der SPD-Gruppe in Stockholm sprach man zeitweise nicht mal miteinander. Die äußere Zerrissenheit spiegelte die innere Zerrissenheit der Emigranten wider und auch die Verzweiflung, denn *weithin war das demokratische Ausland eher geneigt, vor Hitler Respekt oder Angst zu haben, als auf die Warnungen oder gar Forderungen von deutschen Hitler-Gegnern zu hören*[22].

Die paar hundert SAP-Mitglieder in der Emigration hofften auf eine Anti-Hitler-Revolution in Deutschland, die nach ihrer Vorstellung nur eine sozialistische Revolution sein konnte. Die norwegische Sozialdemokratie befand sich in einer ganz anderen Situation. Nach den Wahlen im September 1934 war sie als stärkste Partei vom König mit der Regierungsbildung beauftragt worden. Sie war gezwungen, sich an der Wirklichkeit zu orientieren. Auch in Skandinavien hatte die Weltwirtschaftskrise zu schwerer Arbeitslosigkeit und anderen großen Schwierigkeiten geführt. Ähnlich wie die schwedische Sozialdemokratie, die 1932 mit einem konstruktiven Programm der Krisenüberwindung die Wahlen gewonnen hatte, musste nun die NAP versuchen, durch eine überzeugende Reformpolitik ihre Mehrheit zu erweitern. Hier erlebte Brandt, wie eine linkssozialistische Partei, der SAP näher stehend als der SPD und in den zwanziger Jahren zwischen Sozialdemokratie und Kommunismus angesiedelt, in der Regierungsverantwortung ihr auf Klassenkampf und Revolution beruhendes, streng marxistisches Programm revidierte und eine Mehrheit sichernde, pragmatische Politik betrieb.

Brandt 1964: *[...] das, was die skandinavischen Sozialdemokraten [...] insgesamt trug, das war das, was aus den Kraftquellen des Christentums und des Humanismus gekommen war, viel mehr als das, was in der deutschen Sozialdemokratie von der Marx'schen Soziologie oder wie immer man die Lehre umschreiben will, gekommen war. Ich lernte eine große Offenheit kennen – bei uns blieb das auch während der Weimarer Zeit alles doch sehr abgekapselt, Schichten, Gruppen, Klassen, wenn man so will, im Verhältnis zueinander und im Verhältnis zum Staat. Ich lernte dort kennen, wie wirklich um die Demokratisierung eines Staatswesens gerungen wird, wie das aussieht, wenn man wirklich dabei ist und sich um praktische Aufgaben zu kümmern hat. [...] Ich lernte kennen, wie eine moderne Sozialpolitik gestaltet wurde und eine ganze Menge anderer Dinge.*[23]

Erstaunlich schnell fand sich Brandt in Norwegen zurecht. Einige Monate nach seiner Ankunft begann er schon, Artikel für Gewerkschafts- und Parteizeitungen zu schreiben. Als Leiter des SAP-Büros in Oslo und der SJV-Auslandsarbeit, worunter man sich eine ehrenamtliche Ein-Mann-Tätigkeit vorzustellen hat, oblagen ihm zwei Aufgaben: einmal Verbindung zum innerdeutschen Widerstand zu halten. Auch von Norwegen aus erhielten illegale SAPler oft auf abenteuerlichen Wegen hektographierte oder auf ganz dünnem Papier gedruckte Materialien der Partei. Verschlüsselte Briefe wechselten hin und her, hauptsächlich in Kopenhagen trafen sich Flüchtlinge mit Genossen aus dem Reich. Zum anderen oblag Brandt die Verbindung zur NAP und ihrem Jugendverband, was auch deshalb wichtig war, weil die SAP auf die finanzielle Unterstützung durch die norwegischen Genossen angewiesen war.

Anfangs stand Brandt der politischen Entwicklung der NAP recht skeptisch gegenüber. Mit seinen neuen Freunden von «Mot Dag», einer linken Intellektuellengruppe, in der man seine Skepsis teilte, diskutierte er nächtelang darüber, wie der «wahre» Sozialismus auszusehen habe und der revolutionäre Weg dorthin verlaufen müsse. In der Praxis geriet er rasch zwischen Baum und Borke. Mit der Führung des Jugendverbandes der NAP kam es zum Konflikt, weil Brandt sich dort auf die Seite der starken linken Opposition geschlagen hatte und mit aller Kraft daran arbeitete, den Verband auf revolutionärem Kurs zu halten. Umsonst versuchten Vertreter dieser Opposition ihrem Freund aus Deutschland auf dem Kongress des Jugendverbandes 1934 Gastdelegiertenstatus und Rederecht zu sichern. Die Führer der NAP-Jugend wussten diese beabsichtigte Verstärkung des linken Flügels zu verhindern.

Es gibt [...] keinen Zweifel daran, dass ich mich in meinen frühen zwanziger Jahren – auch in dem Glauben, mehr zu wissen, als ich wirklich wusste – zu einigem politischen Dilettantismus verleiten ließ. Davon sind auch meine ersten Jahre in Norwegen nicht frei.[24]

Während Führer der NAP Brandt vorwarfen, zu unbesonnen radikal zu sein, beschuldigten ihn seine Genossen von der SAP, die neue, von den Sozialisten geführte norwegische Regierung «zu unkritisch» und «zu positiv» zu sehen. Der hauptamtliche Sekretär der SAP-Auslandsleitung in Paris, Jakob Wal-

Jakob Walcher

cher, schickte Brandt einen Artikel für das SAP-Blatt «Neue Front» zurück und belehrte ihn: «Die Aufgaben, die einer Regierung gestellt sind, die sich die Verwirklichung des Sozialismus zum Ziel stellt, haben einen prinzipiell anderen Charakter, als Ihr anzunehmen scheint. [...] Glaubt Ihr wirklich, dass im Rahmen der kapitalistischen Gesellschaft [...] und mit nur parlamentarischen Mitteln heute noch eine solche Reformpolitik möglich ist? – Wir leben in der Niedergangsperiode des Kapitalismus, in der nicht mehr nach vorwärts, sondern nur noch nach rückwärts reformiert wird. [...] Wir bitten Dich, für die nächste Nummer uns einen neuen Aufsatz zu schreiben, Dich aber hierbei prinzipiell auf einen anderen Boden zu stellen.» [25]

«Mangelnde Prinzipienfestigkeit in der NAP-Frage» wurde ihm auch später vorgeworfen. *Als ich 1935 auf einer Versammlung in Paris die Weisheit verkündet hatte, dass man einen Berg nicht besteigt, indem man einfach auf den Gipfel losrennt, hielt einer entgegen: «Aber der Genosse Brandt wird nie dorthin kommen, denn er hat die NAP im Rucksack.»* [26]

«Mit der SAP im Rucksack» reiste er durch fast ganz Westeuropa. Mit zahlreichen Männern, die im Nachkriegseuropa eine Rolle spielten, kam Brandt damals in Kontakt; er lernte neben Norwegisch auch fließend Englisch sprechen. Es gibt nicht viele Flüchtlinge, die es so wie er verstanden, der Gefahr des Emigrantengettos auszuweichen und unter widrigen Bedin-

Jakob Walcher
Der 1887 geborene Dreher wurde 1906 Mitglied der SPD, gehörte aber 1919 zu den Mitbegründern der KPD und arbeitete hauptamtlich mehrere Jahre in deren Parteizentrale. Von 1924 bis 1926 hielt er sich in der Sowjetunion auf. Als Vertreter der so genannten Rechtsopposition wurde er 1928 aus der Kommunistischen Partei ausgeschlossen und gründete mit Gleichgesinnten die Kommunistische Partei-Opposition (KPO). 1932 trat er zur SAP über und arbeitete als Sekretär ihrer Pariser Auslandsleitung von 1933 bis 1939 eng mit Willy Brandt zusammen. 1941 gelang ihm die Flucht in die USA, und von dort kehrte er 1946 nach Ost-Berlin zurück und wurde Chefredakteur der Gewerkschaftszeitung «Tribüne». Anfang der fünfziger Jahre wurde der eigenwillige Kommunist aus der SED ausgeschlossen, 1956 jedoch rehabilitiert und wieder Parteimitglied. Er starb 1970 in der DDR.

Kampfschrift Willy Brandts
in norwegischer Sprache, 1933

gungen Weltläufigkeit zu gewinnen – eine Weltläufigkeit, die allerdings in diesen Jahren oft im Widerspruch zu der ideologischen Enge des jungen Deutschen stand.

Bald nach seiner Flucht betrieb er beispielsweise mit anderen Jugendfunktionären die Gründung einer neuen revolutionären Jugendinternationale, die sich von den bereits bestehenden gründlich unterscheiden sollte – von der sozialdemokratischen durch ihren revolutionären Impetus, von der kommunistischen durch ihre Unabhängigkeit von Moskau – und die diese schließlich im Zeichen der revolutionären Jugendeinheit überflüssig machen sollte. Zunächst sollte ein Internationales Jugendbüro gegründet werden. *Aber die Gründungskonferenz, die im Februar 1934 in Laaren stattfand, wurde von der holländischen Polizei aufgelöst. Vier meiner deutschen Freunde wurden gefesselt an die Gestapo ausgeliefert. Ich selbst kam mit Hilfe norwegischer Freunde und Papiere glimpflich davon. Wir landeten nur im Amsterdamer Polizeigefängnis und wurden dann nach Belgien abgeschoben. Die so unglücklich begonnene Konferenz wurde angeblich in Lille, tatsächlich aber in Brüssel fortgesetzt.*[27]

Wie so viele andere Versuche in der Geschichte der Arbeiterbewegung, in der Mitte zwischen Sozialdemokraten und Kommunisten ein neues Zentrum für eine neue sozialistische Einheit zu bilden, scheiterte auch dieser. Wie so oft in der Vergangenheit und Gegenwart konnten sich die unabhängigen Sozialisten auch hier nicht über den theoretisch «einzig richtigen» Weg zum Sozialismus einig werden.

Mit erheblicher Gefahr war der Entschluss verbunden, mehrere Monate nach Deutschland zurückzukehren, um die illegale Arbeit dort zu unterstützen. *Die zweite Hälfte des Jahres 1936 verbrachte ich in Berlin. Ich wohnte in Untermiete bei einer liebenswürdigen Frau Hamel am Kurfürstendamm 20, als norwegischer Student Gunnar Gaasland camoufliert und mit einem entsprechenden Pass versehen. Ich war gebeten worden, mich unserer Berliner Widerstands-Organisation zur Verfügung zu stellen, und ich bereute es nicht, die deutsche Wirklichkeit im «Dritten Reich» unmittelbar miterleben zu können. Jedoch will ich nicht verhehlen: Ich war nicht frei von Furcht, als ich mit dem Nachtzug von Paris nach Berlin fuhr, oder vorher, als ich von Gedser nach Warnemünde eingereist war. Die Arbeit in Berlin, die sich immerhin auf mehrere hundert politische Freunde erstreckte, blieb in ihrer praktischen Wirksamkeit natürlich stark begrenzt. [...] Natürlich musste ich sehr einfach leben, aber es machte Spaß, herauszufinden, wo es mittags für wenig Geld reichlich zu essen gab. Die Vormittage in der Preußischen Staatsbibliothek und mancher Abend bei den Philharmonikern brachten mir viel Gewinn.*[28]

Gut vier Wochen nach seiner Rückkehr aus Berlin reiste Brandt nach Spanien. Er blieb dort von Februar bis Juni 1937, sandte regelmäßig Berichte an seine politischen Freunde in Paris, dem Sitz der SAP-Auslandsleitung, sowie an skandinavische Arbeiter- und Gewerkschafts-Zeitungen und informierte das norwegische Spanien-Komitee über wirksame Hilfsmöglichkeiten für die Bevölkerung. An Kampfhandlungen hat er nicht teilgenommen.

Im Widerstand gegen Franco und seine von Hitler und Mussolini entsandten Hilfstruppen sahen damals Sozialisten in der ganzen Welt *die erste offene Schlacht gegen den internationalen Faschismus, [...] ein Vorgefecht in der großen, unweigerlich herannahenden Weltauseinandersetzung zwischen Fortschritt und Reaktion, zwischen Faschismus und Sozialismus*[29]. Von überallher eilten sie nach Spanien, um für den Sieg der Volksfront zu kämpfen. Während die Westmächte eine allen Franco-Gegnern unbegreifliche Nichteinmischungspolitik betrieben, unterstütze die Sowjetunion auch militärisch, obgleich mit Einschränkungen, die Volksfront.

Zu den düsteren Kapiteln dieses Krieges gehört der Terror nach Spanien entsandter NKWD-Organe gegen zahlreiche Anarchisten, Trotzkisten und andere Sozialisten, die sich dem militärischen und politischen Konzept der Kommunisten nicht unterworfen hatten. Zu den vom NKWD Verhafteten gehörten auch Mitglieder der POUM (Partido Obrero de Unificación Marxista [Vereinigte marxistische Arbeiterpartei], einer Freundespartei der SAP, die besonders in Katalonien eine Rolle spielte.

Die POUM vertrat in extremer Form, in gewisser Übereinstimmung mit den Anarcho-Syndikalisten und einem Teil der Sozialdemokraten, die Auffassung, dass die Revolution den Vorrang habe. Die Kommunisten, in gewisser Übereinstimmung mit den «bürgerlichen» Demokraten, vertraten demgegenüber die These, dass es vor allem um die Erfordernisse des Kriegs ginge. Im Bemühen um ein eigenes Urteil geriet ich mit den Revolutionaristen in Konflikt, die mir weit über das Ziel hinauszuschießen schienen, aber noch mehr mit jenen, die mit Hilfe der geforderten Kriegsdisziplin nur ihre Parteiherrschaft festigen wollten. Ich kam zu dem Ergebnis, dass die POUM «in fast jeder praktischen Frage eine falsche Position eingenommen» habe, und warf ihr «sektiererisches Verhalten» und «ultralinken Subjektivismus» vor. […] Aber ich betrachtete es selbstverständlich als meine Pflicht, für die POUM-Führer einzutreten, als sie mit anderen von den Kommunisten verfolgt, vor Gericht gezerrt oder sogar ermordet wurden. […] Ich weiß, es ist nicht leicht, dieses verwirrende Geschehen zu erklären.[30]

Es gab eine Anzahl von SAP-Mitgliedern, die die Politik der POUM positiver und die Politik der Kommunisten kritischer beurteilten als Willy Brandt, der unter den emigrierten SAPlern dem Walcher-Flügel zugerechnet wurde. Tatsächlich sind die Auffassungen, die er nach 1933 in der SAP vertrat, von seinem Freund und Mentor Jakob Walcher, dem hauptamtlichen Sekretär der Auslandsleitung in Paris, zunächst stark beeinflusst worden.

Den jungen Sozialisten beeindruckte an dem einstigen Mitkämpfer Rosa Luxemburgs, der schon bald dreißig Jahre in der Politik war, die reichhaltige Erfahrung. Walchers Lebendigkeit, die Verbindung von Organisationstalent und geistigen Interessen bei diesem typischen Arbeiterfunktionär unter den vielen linken Intellektuellen, bestach nicht nur seine Freunde.

Walcher förderte Brandt, freute sich über seine journalistischen Erfolge, munterte ihn auf, wenn sein Ehrgeiz enttäuscht worden war, stärkte sein Selbstbewusstsein durch die Überzeugung, aus diesem jungen Genossen werde in der Politik noch etwas werden.

Von Walcher mit beeinflusst war auch Brandts Einstellung zur deutschen Volksfront, die infolge der kommunistischen Kursschwenkung auf dem VII. Weltkongress der Komintern (August 1935) gegründet wurde. Auf diesem Weltkongress hatte der Generalsekretär der Komintern, Georgi M. Dimitrov, eine neue kommunistische Bündnispolitik verkündet, die die KP in aller Welt verpflichtete, im Kampf gegen den Faschismus die Zusammenarbeit mit den bis dahin heftig befehdeten sozialdemokratischen und sozialistischen sowie auch mit bürgerlichen Parteien und Politikern zu suchen und in diesem Bündnis die Führung zu beanspruchen. Volksfront-Bündnisse entstanden insbesondere in Frankreich und Spanien. Als Ziel der Volksfront gegen Hitler wurde nicht der Sozialismus, sondern die Wiederherstellung der bürgerlich-parlamentarischen Demokratie proklamiert. Dementsprechend bemühte sich die KPD um einen nicht kommunistischen Repräsentanten des deutschen Volksfrontausschusses in Paris und fand ihn in Heinrich Mann.

Als Brandts Name zusammen mit denen von anderen SAPlern im Dezember 1936 unter dem ersten Aufruf des deutschen Volksfrontausschusses erschien[31], war er selbst noch in Berlin, hatte aber von dort an einer so genannten Diskussionsgrundlage der SAP mitgearbeitet, in der die Volksfrontpolitik *trotz der vielen Verwirrungen, die wir feststellen müssen, grundsätzlich* bejaht und eine Ja-Aber-Position gegenüber der Sowjetunion bezogen worden war. *Die Entwicklung der SU ist voller Widersprüche. Der wirtschaftliche Aufbau hat [...] weitere enorme Fortschritte gemacht. Gleichzeitig haben wir dort erschütternde Rückschläge in der politischen Ordnung und fast unverständliche gesellschaftliche Veränderungen erlebt. Nichtsdestoweniger ist die SU das Land ohne Kapitalisten. Wir müssen in Deutschland eine unserer Aufgaben darin sehen, der faschistischen Hetze gegen die SU, die auch in den Reihen der klassenbewussten Arbeiter teilweise Anklang gefunden hat, durch Vermittlung von Tatsachenmaterial entgegenzuwirken.*[32]

Wie viele andere Sozialisten hielten auch Brandt und seine Freunde erste Meldungen über die von Stalin befohlenen großen Säuberungen, denen in der Sowjetunion zwischen 1936 und 1938 Millionen zum Opfer fielen, für Nazi-Lügen. Doch lange konnten sie die Augen vor immer neuen Schreckensmeldungen nicht verschließen. Gleichzeitig Sozialisten als Bündnispartner gegen Hitler zu umwerben und im eigenen Machtbereich als «Abweichler» zu vernichten – das gehörte zu Stalins Politik. Im Pariser Volksfrontausschuss sowie auch in skandinavischen Volksfront-Arbeitsgruppen kam es zu heftigen Auseinandersetzungen zwischen SAP- und KPD-Vertretern. Die deutschen Linkssozialisten protestierten schärfstens gegen die Anti-Trotzkisten-Prozesse, gegen die Verfolgung alter Bolschewiki in der UdSSR und sahen dadurch «die Idee des Sozialismus vor der ganzen Welt geschändet». Prompt wurde die SAP als «Gestapo-Agentur» verleumdet. Hinzu kam, dass die SAP auch nicht bereit war, opportunistisch wie die Kommunisten ihre sozialistische Zielsetzung im Anti-Hitler-Bündnis zu verleugnen. Diese Haltung sowie die Beziehungen zur POUM brachte ihr den kommunistischen Vorwurf ein, «trotzkistisch durchsetzt» und damit «konterrevolutionär» zu sein.

Eine Ausarbeitung Brandts vom Dezember 1937 zeigt, dass er zu diesem Zeitpunkt nicht einfach mehr dem Walcher-Flügel zuzurechnen war, sondern eine Zwischenposition bezog. Die Volksfront hielt er als Versuch, die Zersplitterung der Gegner Hitlers zu überwinden, weiterhin für nötig; doch sah er auch, dass man in der SAP *die Regenerationsmöglichkeiten des inneren Regimes der Komintern und ihrer Sektionen zu blauäugig* beurteilt hatte.

Vor allem wollte Brandt Konsequenzen aus der Tatsache gezogen wissen, dass es der SAP seit ihrer Gründung nicht gelungen war, die Mehrheit der deutschen Sozialdemokraten, vor allem der Arbeiter, zu gewinnen. Sie ständen im Kampf gegen Hitler auf der Seite der «linken SPD-Gruppierungen». Darum sei es wichtig, die Zusammenarbeit mit diesen Gruppen anzustreben, sich *die Verschmelzung* mit *den aktiven sozialdemokratischen Kräften* zum Ziel zu setzen. Nur so, glaubte Brandt 1937, sei es überhaupt noch möglich, eine revolutionäre Partei zu schaffen, die ungleich stärkeres Gewicht als die eigene Gruppe haben würde.

Da es den linkssozialistischen Parteien in Europa nicht gelungen war, zwischen der II. und der III. Internationale ein neues Zentrum der Arbeiterbewegung zu schaffen, hielt es Brandt für nötig, auch den internationalen Standort der SAP neu zu bestimmen. Nach seiner Auffassung konnte er nur *bei der nicht von der Komintern dirigierten westeuropäischen Bewegung* liegen, *an der Seite der Linken* in *der II. Internationale.* Indem die SAP an der Erhaltung der Unabhängigkeit und der Stärkung der *westeuropäischen Bewegung* mitarbeite, werde es auch gelingen, *den verhängnisvollen Moskauer Methoden* wirksamer als bisher *entgegenzuwirken* und dann *die Kräfte der SU mit denen der westeuropäischen Arbeiterbewegung zusammenzuführen.*[33]

Komintern
Abkürzung für die auf Initiative Lenins 1919 gegründete Kommunistische Internationale, den weltweiten Zusammenschluss aller kommunistischen Parteien. Unter Stalin und ihrem letzten Generalsekretär Georgi W. Dimitrow wurde die Komintern völlig der sowjetischen Politik untergeordnet. Aus Rücksicht auf das Anti-Hitler-Bündnis mit den Westmächten wurde sie 1943 formal aufgelöst.

Knapp zwei Jahre später sahen sich Brandt und seine Freunde *einer neuen Lage* gegenüber, die ihrer bisherigen Haltung zur Sowjetunion *die Grundlage entzog:* dem Hitler-Stalin-Pakt vom August 1939. Empört und verzweifelt wie alle Hitler-Gegner, auch viele kommunistische, versuchte Brandt in Aufsätzen und NAP-Broschüren aufzuzeigen, was dieser Pakt für die sozialistische Bewegung bedeutete:

Die Sowjetunion ist ein reaktionärer Faktor in der internationalen Politik geworden. Die Arbeiterbewegung muss gegen sie wie gegen alle Reaktionen kämpfen.

Anstelle der Aufgabe, *die Kräfte der SU mit denen der westeuropäischen Arbeiterbewegung zusammenzuführen*, trat jetzt, die Komintern-Politik zu *überwinden*. Unter dem Eindruck der Entwicklung in der Norwegischen Arbeiterpartei, die sich im Jahr zuvor der II. Internationale angeschlossen hatte, formulierte Brandt: *Die Arbeiterbewegung muss unabhängig sein, nur dann kann sie [...] das ganze Volk gewinnen und eine in Wahrheit nationale Politik betreiben, die zum Internationalismus der Arbeiterbewegung nicht im Gegensatz steht, sondern seine gesündeste Grundlage ist.*

In einem Artikel vom September 1939 schrieb Willy Brandt: *Wie man den Freundschaftsvertrag zwischen der Sowjetunion und Hitlerdeutschland auch einschätzt, so ist es auf jeden Fall schwierig, die Sowjetunion weiterhin als Teil der internationalen sozialistischen Arbeiterbewegung zu betrachten. Es sind die Russen, die sich aus der sozialistischen Bewegung abgemeldet haben. [...] Die Klarheit über diese Dinge muss nicht eine objektive und nüchterne Einschätzung der Entwicklung und Struktur der neuen russischen Gesellschaft verhindern. Aber man muss sich dessen bewusst sein, dass die, die an der Spitze dieser Gesellschaft stehen, sich auf keinerlei Weise der Arbeiterbewegung in Europa verpflichtet fühlen.*

Die Erfahrung zeige, schrieb er in seinen Aufsätzen, dass Sozialismus mehr sei *als die Übernahme der Produktionsmittel durch den Staat. [...] Sozialismus ist ohne Freiheit und Demokratie nicht möglich. [...] Nach dem Grauen und den Schrecken des Kriegs* ein neues, von den Interessen der Großmächte unabhängiges sozialistisches und demokratisches Europa zu gestalten – diese große Aufgabe könne nur eine auch von der Großmacht Sowjetunion unabhängige sozialistische Arbeiterbewegung lösen.[34] Vorerst erreichten die Schrecken des Kriegs auch Norwegen.

In den Jahren zwischen seiner Rückkehr aus Spanien und dem deutschen Überfall arbeitete Brandt hauptsächlich als Journalist in Oslo. Morgens las er die Zeitungen, schrieb Artikel und versuchte dann ab Mittag, das Geschriebene loszuwerden. Einer seiner alten Freunde, Herbert George, erinnert sich, wie

Deutsche Eroberungspolitik zwischen 1933 und 1945

1936   Deutsche Truppen besetzen das entmilitarisierte Rheinland.

1938   Besetzung Österreichs (März) und des Sudetenlandes (Oktober).

1939   Einmarsch in die Tschechoslowakei (März).
Am 1. September beginnt der Zweite Weltkrieg mit dem deutschen Überfall auf Polen.

1940   Deutsche Truppen besetzen im April Dänemark und Norwegen sowie im Mai Holland, Belgien, Luxemburg und Frankreich.

1941   Dem Überfall auf Jugoslawien und Griechenland im April folgt am 22. Juni der Beginn des Krieges gegen die Sowjetunion. Vor Einbruch des Winters stehen deutsche Truppen vor Moskau. Am Ende des Jahres erklärt Deutschland den USA den Krieg.

1943   Im Februar ergeben sich die in Stalingrad eingeschlossenen etwa 100 000 Soldaten der 6. Armee des Generaloberst Paulus. Beginn der sowjetischen Gegenoffensive.

1944   Im Juni landen alliierte Truppen in der Normandie; im August wird Paris befreit.

1945   Die Rote Armee tritt im Januar zum entscheidenden Angriff auf Deutschland an. Im März setzen die westlichen Alliierten über den Rhein.
30. April: Selbstmord Hitlers in Berlin.
Am 8. Mai endet der Zweite Weltkrieg mit der bedingungslosen deutschen Kapitulation.

ihm Brandt damals sagte: «Weißt du, Herbert, ich komme mir vor wie ein Trödelhändler, der so jeden Tag mit seinem Kästchen vor der Brust losgeht: da hab ich ein Artikelchen für dies, da hab ich ein Artikelchen für das – was wollen Sie?»

Seine Jugendliebe, Gertrud Meyer, die er schon in der Lübecker Arbeiterjugend kennen gelernt hatte und die ihm nach Oslo gefolgt war, trennte sich um diese Zeit von Brandt, obwohl ihr das sehr schwer fiel. Ihre SAP-Genossen schätzten sie als «sehr tüchtigen Kerl» und lobten ihre «vorbildliche Parteiarbeit». 1939 ging Trudel, wie sie alle nannten, nach Amerika. Im selben Jahr lernte Brandt seine erste Frau, die Norwegerin Carlota Thorkildsen, näher kennen.

Zu Ostern 1940 – Brandt hatte gerade sein erstes Buch unter dem Titel *Die Kriegsziele der Großmächte und das neue Europa* geschrieben – machten er und Carlota ein paar Tage Urlaub in den Bergen. Nach seiner Rückkehr sprach Brandt auf einer

Versammlung deutscher und österreichischer Flüchtlinge. Es war der Abend des 8. April. Er kam spät nach Hause, denn man hatte lange darüber diskutiert, wie ernst die Gefahr einer deutschen Invasion zu nehmen sei. Kurz nach seiner Ankunft wurde Luftalarm gegeben. Während des Alarms erzählte ihm Carlota, dass sie ein Kind haben würden. *In den frühen Morgenstunden kam ein ernüchternder Telefonanruf. Jeder Zweifel war behoben. Die Invasion hatte begonnen. Wenige Stunden später nahmen mich führende norwegische Politiker in ihrem Wagen mit aus Oslo heraus: Wieder auf der Flucht.*[35]

Drei Wochen nach Beginn der Invasion kapituliert Norwegen. Brandt befindet sich zu dieser Zeit in einem Tal nördlich von Andalsnes. Was wird geschehen, wenn der staatenlose Flüchtling – 1938 war er von den Deutschen ausgebürgert worden – in die Hände seiner Landsleute, der Gestapo, fällt? In dieser Situation begegnet ihm ein alter Bekannter, den er aus Spanien kennt, Paul Gauguin, ein Enkel des berühmten Malers. Der gibt ihm seine norwegische Uniform. *Ich bin dem Schicksal dankbar, dass es mich nicht vor die Gewissensentscheidung gestellt hat, mit der Waffe gegen meine deutschen Landsleute zu kämpfen. Die Entscheidung, wie sie auch gelautet hätte, wäre immer tragisch, jedoch nie eine Schande gewesen.*[36] Als norwegischer Soldat getarnt, gerät Brandt in Kriegsgefangenschaft, bleibt als Deutscher unerkannt, wird im Juni entlassen und flüchtet im Juli 1940 nach Stockholm. Ein halbes Jahr nach ihm traf, von Moskau kommend, ein anderer deutscher Emigrant in Stockholm ein: Herbert Wehner. Doch die beiden späteren Führer der SPD sind einander erst im Spätsommer 1946, und zwar in Hamburg, zum ersten Mal begegnet.

Brandt lebte mit seiner Frau und seiner kleinen Tochter Ninja, die ihm 1941 nachgekommen waren, *im norwegischen Milieu* Stockholms. Er schrieb in diesen Jahren zahlreiche Artikel und mehrere Bücher über Norwegen und versuchte seinen Dank an ein Land abzutragen, das den Flüchtling aufgenommen hatte und dessen Bürger er nun war. Informationen über die deutschen Truppen und ihre Operationen, die er auf konspirativen Wegen aus Norwegen erhielt, gab er als konsequenter Hitler-Gegner auch an Geheimdienste der Alliierten weiter. Alles nur Mögliche musste geschehen, um Hitler zu besiegen.

Als das Kriegsende näher kam, entschloss sich etwa die Hälfte der 30 SAP-Mitglieder in Schweden, unter ihnen Willy Brandt, zur SPD zurückzukehren. Sie wussten, dass ihre kleine Partei im Nachkriegsdeutschland keinen nennenswerten Einfluss haben würde. In ihrer Begründung schrieben sie, dass die schweren deutschen Nachkriegsprobleme nur bewältigt werden könnten, wenn es gelänge, *von Beginn des Wiederaufbaus die frühere Zersplitterung zu verhindern und neben einer einheitlichen Gewerkschaftsbewegung eine sozialistisch-demokratische Einheitspartei zu schaffen* [37].

Mit Sozialdemokraten aus fast allen europäischen Ländern, die von Deutschland überfallen worden waren, arbeitete Brandt ab Sommer 1942 in einem auf norwegische Initiative entstandenen internationalen Arbeitskreis zusammen, den man in Stockholm die «Kleine Internationale» nannte. Hier trafen sich außer den beiden späteren Bundeskanzlern Willy Brandt und Bruno Kreisky unter anderen auch die späteren Außenminister Torsten Nilsson (Schweden) und Halvard Lange (Norwegen) sowie das bekannte Ehepaar Alva und Gunnar Myrdal. Zu den deutschen Teilnehmern gehörte der alte Gewerkschaftsführer Fritz Tarnow, von dem das bekannte Wort stammt, die Sozialdemokratie habe «Arzt am Krankenbett des Kapitalismus» zu sein. Mit dem jungen Brandt, der der Sekretär des Arbeitskreises war, verband ihn «eine innige Freundschaft». Über Tarnow kam Brandt mit Männern des 20. Juli in Verbindung und bekam auch wieder Kontakt zu Julius Leber.

Als Ergebnis seiner Arbeit legte der internationale Arbeitskreis unter anderem eine Resolution über «Friedensziele der demokratischen Sozialisten» vor, an deren Zustandekommen Brandt besonderen Anteil hatte. «Seine Leistung war bemerkenswert», schrieb Kreisky, «er produzierte Papiere und Entwürfe mit einer Technik, wie wir sie später nur bei internationalen Kongressen und Organisationen kennen lernten, und er tat es mit unglaublichem Fleiß und großer Einfüh-

lungsgabe; [...] zu alledem kam eine faszinierende Gabe, sich
die ‹kommenden Dinge› vorzustellen.»

Wie beurteilten ihn andere Freunde im Exil? Alle stimmten überein, dass er sehr gut aussah und Erfolg bei Frauen hatte.
Man lobte seine Fähigkeit, mit Menschen auszukommen, geschickt in politischen Verhandlungen aufzutreten und auch
das Vertrauen sehr viel Älterer zu gewinnen. Irmgard Enderle
erinnert sich: «Er war immer vollkommen von der Politik be-
sessen, und alles war für ihn Politik und Beschäftigung mit der
Politik. Aber er konnte im Freundeskreis außerordentlich los-
gelöst und fröhlich sein, erzählte und hörte gern Witze und war
ungeheuer hilfsbereit gegenüber allen Freunden.» Ihr Mann,
August Enderle, war Leiter des SAP-Stützpunkts in Stockholm.

*In den Jahren nach 1933 hieß das zentrale Thema der deutschen
Opposition: Was kommt nach Hitler? Seit dem 1. September 1939
hieß das Thema: Was kommt nach dem Krieg?*[38] Vom ersten Tag
an beteiligte sich Brandt intensiv an dieser Diskussion. Zwar
mussten die Vorstellungen und Entwürfe der deutschen Hitler-
Gegner verändert werden, wenn sich die angenommenen Voraussetzungen veränderten; durch die wechselnde Wirklichkeit
verschoben sich auch die Akzente, aber aus den verschiedenen
Nachkriegsprogrammen, an deren Ausarbeitung Brandt beteiligt war, aus Briefen und Schriften ergibt sich doch ein recht ge-
naues Bild von seinen Auffassungen in dieser Zeit.[39]

In all den Jahren der Verbannung, besonders während des
Kriegs, hofften die deutschen Emigranten, dass es zu einem
Aufstand gegen Hitler kommen, dass es den Deutschen selbst
gelingen werde, sich vom Faschismus zu befreien und über ihre künftige politische Ordnung allein zu bestimmen. Obwohl
das nicht geschah, hielten sie daran fest, dass *der Grundsatz des
Selbstbestimmungsrechts der Völker [...] auch für ein demokratisches
Deutschland gelten* müsse. Den Kriegsalliierten standen Brandt
und seine Freunde skeptisch gegenüber. Politische Erfahrungen und ideologische Vorbehalte bestimmten ihr Verhältnis
zu Moskau wie zu Washington und London. Gegenüber der
Sowjetunion wirkten der Hitler-Stalin-Pakt und der sowjetische Überfall auf Finnland 1939 nach. Gegenüber den Regie-

Norwegischer Pass für Herbert Frahm, 1940

rungen der Westmächte bewahrte man *Unabhängigkeit und Skepsis*, da diese *der Auseinandersetzung* mit dem Faschismus *immer wieder ausgewichen waren, solange das Risiko eines großen Kriegs noch verhältnismäßig gering war.*

Ideologische Vorbehalte rührten daher, dass die Sowjetunion sozusagen nicht wirklich sozialistisch und die Westmächte kapitalistische Staaten waren. Daraus, so fürchtete man, würden sich negative Folgen für Deutschland nach dem Krieg ergeben: *Es gibt reaktionäre Kräfte im Lager der Siegermächte, die daran interessiert sind, den demokratisch-sozialistischen Neuaufbau in Deutschland zu verhindern oder zumindest zu erschweren* (1943). Für einen gefährlichen Versuch in dieser Richtung, für *Rassenpolitik mit umgekehrten Vorzeichen*, hielt man die Vorschläge des Unterstaatssekretärs im Foreign Office, Lord Vansittart, der für eine fünfundsiebzigjährige Besetzung Deutschlands eintrat und die Deutschen für unverbesserliche Aggressoren hielt.

39

Von der Sowjetunion befürchtete man zu Recht, sie werde nur als Sozialismus gelten lassen, was Moskau und damit auch die KPD darunter verstanden wissen wollten, und betonte deshalb, dass alle Organisationen der Arbeiterbewegung *selbständig und frei von ausländischer Einmischung und Kontrolle* sein müssten. Oder wie Brandt es in einem Brief ausdrückte: dass man sich *von den Gegebenheiten des eigenen Landes und von der selbständigen Einschätzung dessen, was vernünftige sozialistische Politik ist, leiten lassen muss.*

Aus allen Ausarbeitungen spricht die Furcht vor einer alliierten Rache- und Vergeltungspolitik gegenüber Deutschland. Sie wurde als unvereinbar mit demokratischen und sozialistischen Prinzipien abgelehnt. Brandt 1942: Eine Besetzung Deutschlands *kann notwendig werden, sie kann im Hinblick auf eine demokratische Entwicklung sogar wünschenswert sein. [...] Trotzdem dürfen wir als Sozialisten und Demokraten niemals vergessen und auch nicht unterlassen, zu sagen, dass eine solche Besetzung eines fremden Landes ein Übel sein wird, das so rasch wie möglich überwunden und abgewickelt werden muss.* Aus den gleichen moralischen und politischen Überlegungen wandte er sich gegen *eine Zerstückelung Deutschlands* (*Wasser auf Goebbels' Mühlen*), gegen Reparationsforderungen, die beabsichtigte Reeducation (*An eine Erziehung mit Hilfe englischer und alliierter Offiziere glaube ich nicht*) und gegen die Oder-Neiße-Grenze in der auf der Potsdamer Konferenz 1945 festgelegten Form. *Wir müssen uns jenen Grad an Selbständigkeit vorbehalten, der es uns ermöglicht, in der Richtung auf eine vernünftige Modifizierung [...] hinzuwirken.*

Das innenpolitische Nachkriegskonzept Brandts und seiner SAP-Genossen enthielt im Wesentlichen jene Forderungen, auf die sich auch die Siegermächte in den Potsdamer Beschlüssen einigten und über die auch Übereinstimmung in den Volksfrontausschüssen bestand. Erst später sollte sich herausstellen, dass sich Demokraten und Kommunisten zwar auf die gleichen Worte, aber nicht auf die gleichen Inhalte geeinigt hatten. Alle Vertreter der Arbeiterbewegung stimmten überein, dass die Demokratie nach dem Ende der NS-Herrschaft wieder hergestellt und die in ihren Augen eigentlichen Träger

Schweden 1943: Willy Brandt mit seiner ersten Frau Carlota und Tochter Ninja, Vera und Bruno Kreisky und einer namentlich nicht bekannten Dame (v. l. n. r.)

dieser Herrschaft, die Mit- oder Hauptverantwortlichen für den Faschismus, Schwerindustrie und Großfinanz, entmachtet werden, ihre Betriebe in Gemeineigentum überführt werden müssten. Man war überzeugt: Die Revolution von 1918 endlich nachzuholen sei die sicherste Gewähr, dass sich der Faschismus niemals wiederholen werde.

Linkssozialisten und Sozialdemokraten hofften gemeinsam darauf, dass insbesondere die Arbeiter, aber auch Teile des Mittelstands nach dem Kriegsende bereit sein würden, ein sozialistisches Deutschland aufzubauen. Sie vertrauten darauf, dass die Ziele der deutschen Arbeiterbewegung trotz Hitler lebendig geblieben seien und auch junge Menschen, die sich vom Nationalsozialismus hatten einfangen lassen, keine Wiederbelebung des Kapitalismus wollten. Außerdem konnten sie sich den deutschen Wiederaufbau ohne Planwirtschaft nicht vorstellen. Brandt betonte, man wolle die Rechte des Individuums dabei so weit wie irgend möglich sichern. *Eine gemeinwirt-*

Mit Ehefrau Carlota und Tochter Ninja in Stockholm,
1. Mai 1944

schaftliche Planung ist ebenso wie die staatliche Verwaltung für die Menschen da, nicht umgekehrt.

Viele deutsche Sozialisten und Kommunisten, auch in den Zuchthäusern und KZ, wo sie gemeinsam litten, waren überzeugt, Hitler hätte niemals siegen können, wenn ihm 1933 eine einheitliche Arbeiterbewegung gegenübergestanden hätte. Zu den wichtigsten Lehren aus der NS-Zeit müsse deshalb gehören, endlich die Spaltung zu überwinden. Das war das Ziel der SAP seit ihrer Gründung. Seit 1931 verstand sie sich als Kern einer neuen einheitlichen Partei der deutschen Linken. Trotz aller entmutigenden Erfahrungen gerade mit den Kommunisten trat Brandt am Ende des Kriegs mit zahlreichen anderen Sozialisten in Stockholm für eine demokratisch-sozialistische Einheitspartei ein und hoffte, dass sich ihr womöglich auch gegen den Willen kommunistischer Spitzenfunktionäre ein großer Teil kommunistisch orientierter Arbeiter anschließen werde. Die neue Partei sollte keine reine Arbeiterpartei sein, sondern auch Gewerbetreibende, Kleinbauern und andere Angehörige des Mittelstands umfassen und sich allein von den Interessen der deutschen Arbeiterbewegung leiten lassen.[40]

Brandt war noch nicht in die deutsche Politik zurückgekehrt, als schon entschieden war, dass das sozialistische Nachkriegskonzept Papier bleiben würde. Es scheiterte an der Sowjetunion und den mit ihr verbündeten deutschen Kommunisten, an den Westmächten und an der Entscheidung der bundesdeutschen Wähler. Doch es entsprach sowohl den Traditionen der deutschen Arbeiterbewegung wie dem Zeitgeist 1945.

Berlin
(1946 – 66)

Einige Monate nach Kriegsende, im Oktober 1945, sieht Brandt Lübeck wieder. Seine Heimatstadt liegt jetzt an einer Grenze: Am östlichen Stadtrand beginnt die Sowjetische Besatzungszone. Von dort strömen Flüchtlinge aus dem Osten in die Stadt hinein und treffen hier auf einen anderen Strom von Menschen, der aus dem Westen kommt: von den Deutschen während des Kriegs verschleppte Polen auf dem Rückweg in die Heimat. Auch diejenigen, die die Stadt von früher kennen, finden sich nur schwer zurecht. Das alte Lübeck existiert nicht mehr. Auch Brandt sieht schon von weitem: Die vertraute Silhouette mit den sieben Türmen ist verschwunden. Britische Bomber haben an Palmarum 1942 mehrere der alten Kirchen zerstört und viele alte Kaufmannshäuser. *Die Begegnung mit dem zerbombten Deutschland war wie eine jener schrecklichen Visionen, die einen manchmal zwischen Schlaf und Wachsein überfallen. [...] Irgendwo in einem Winkel des Gehirns nistet die Überzeugung, man träume ja bloß und gleich werde der gespenstische Traum sich in nichts auflösen.*[41] Brandt erhält das Angebot, Bürgermeister seiner Heimatstadt zu werden. Er fürchtet, *dass es dort für mich reichlich eng sein würde*[42], und lehnt ab. Ende 1946 kommt er in die Stadt, die seine dritte Heimat wird: Berlin. Hier erwirbt er sich den Namen, «den die Welt kennt». Aus Willy Brandt wird Willy.

An seine spätere zweite Frau Rut Hansen schreibt Brandt 1947 hellsichtig: *[...] mein erster Eindruck bestätigt sich, nämlich, dass Berlin trotz der unvorstellbaren Zer-*

> «Ich lernte Willy Brandt 1946 kennen, als er sich zum ersten Mal mit Sozialdemokraten in Berlin traf und darum gebeten hatte, ein junges Parteimitglied kennen zu lernen, das nicht in der Hitlerjugend gewesen war. Die Nazis hatten meine Familie ermordet. Ich überlebte in einem Zwangsarbeitslager. Wir gaben uns die Hand und verstanden uns auch ohne Worte.»
> Horst Grabert, Brandts Staatssekretär im Bundeskanzleramt 1972–74

Berlin: Brandenburger Tor, 1945

störungen etwas ganz anderes ist als andere deutsche Städte. Es gibt hier Not und Elend und Verwirrung und Kriminalität. Aber hier gibt es auch ein fruchtbares politisches und kulturelles Leben. Hier spielt es sich ab. Hier erlebt man Europa und einen Großteil von dem, was die Welt bewegt. Ich habe Berlin früher nie gemocht, aber ich glaube, ich werde mich hier wohl fühlen.

Zunächst spricht wenig für eine glänzende politische Karriere Brandts. Den Presseattaché der norwegischen Militärmission (als solcher ist er nach Berlin gekommen) kennen nur verhältnismäßig wenige in der Stadt.[43] Zu ihnen gehört Erich Brost, der als Beauftragter des SPD-Parteivorstands in Hannover Verbindung zu den Berliner Dienststellen der Alliierten hält. Als Brost 1947 das Angebot bekommt, im Ruhrgebiet eine neue Zeitung aufzumachen, schlägt er der Parteiführung, und zwar Erich Ollenhauer, vor, Brandt zu seinem Nachfolger zu machen. Die SPD-Zentrale akzeptiert den Vorschlag. Auch Brandt sagt zu, entschließt sich, wieder deutscher Staatsbürger zu werden und in die deutsche Politik zurückzukehren. An seinen

Freund und Vorgesetzten, den norwegischen Außenminister Lange, schreibt er: *Du sollst wissen, dass ich eigentlich keine Illusionen habe. Aber ich will versuchen, dabei zu helfen, dass Deutschland nach Europa zurückgeführt wird und nach Möglichkeit ein Teil jener dritten Kraft wird, die erforderlich ist, um der größten Katastrophe aller Zeiten zu entgehen. Es ist ziemlich sicher, dass ich Enttäuschungen erleben werde, vielleicht auch mehr als dies. Hoffentlich werde ich einer etwaigen Niederlage mit dem Gefühl begegnen, meine Pflicht getan zu haben.*[44]

Die Enttäuschung kommt früher als erwartet. Eine Woche bevor er sein Amt antreten will – als Termin ist der 1. Januar 1948 ausgemacht –, erfährt Brandt, dass der Vorsitzende der SPD, Kurt Schumacher, erneut zögert. Denn: *Kaum wurde be-*

Kurt
Schumacher

kannt, dass ich das Berliner Sekretariat übernehmen würde, begannen Intrigen, Emigranten-Tratsch lebte auf mit absurden Verdäch-
tigungen.[45] Insbesondere Kurt Heinig, ab 1940 Stockholmer
Verbindungsmann zum SPD-Parteivorstand in London, hatte
Brandt von Schweden aus in mehreren Briefen an Schumacher und andere Mitglieder des neuen SPD-Parteivorstands
unter anderem beschuldigt, «Norweger und nicht Deutscher
zu sein» sowie «allerlei dunkle Verbindungen» gehabt zu haben.[46]

Zu den «dunklen Verbindungen» Brandts gehörte nach
Meinung seiner Gegner, dass er in der Nachkriegszeit mehr-
mals Jakob Walcher, seinen alten Freund und Mentor, wieder-
gesehen hatte, der sich, zurückgekehrt nach Ost-Berlin, erneut
den Kommunisten angeschlossen hatte. Verschiedene Vorwürfe, Ressentiments und Verleumdungen, die zum Teil auch später eine Rolle spielten, tauchten hier erstmals auf. Ein früherer
SAPler als Vertreter des SPD-Parteivorstands – das erschien
manchen ungeheuerlich. Es war, kennt man die Tradition,
auch ungewöhnlich.

Etwas anderes kam bei Brandt hinzu. Als zurückgekehrter
Emigrant musste er bei denjenigen Sozialisten, die aus den
Zuchthäusern und KZ zurückgekommen waren, mit Reaktionen rechnen, die sich in dem Satz ausdrückten: «Was wisst ihr
schon davon, wie wir gelitten haben!» Und Brandt war auch
nicht ein Emigrant wie jeder andere gewesen. *Es war mir verhältnismäßig leicht, in Skandinavien Fuß zu fassen. Ich war im
Gegensatz zu manchen anderen kein Außenseiter. Ich hatte Erfolg.
Das haben mir einige – denen ich außerdem noch viel zu jung war –
[…] nicht verzeihen können.*[47] Schließlich: Sozialdemokraten, die
1945/46 am Widerstand gegen die Zwangsvereinigung mit
den Kommunisten teilgenommen hatten, machten Brandt den
Vorwurf, zu dieser Zeit noch Einheitsillusionen nachgegangen
zu haben.

In einem eindrucksvollen Brief an Schumacher schrieb
Brandt: *Ich habe nie verschwiegen, dass ich seinerzeit Anhänger
einer einheitlichen sozialistischen Partei war, die unabhängig sein
und auf demokratischer Grundlage stehen sollte. Der Streit um diese*

Frage ist durch die Entwicklung überholt. Ich habe zu einer Reihe anderer Fragen meine Meinung geändert und habe nicht den geringsten Grund, das zu verheimlichen oder mich dessen zu schämen. [...] Lassen Sie mich in unmissverständlicher Weise erklären: Ich stehe zu den Grundsätzen des demokratischen Sozialismus im Allgemeinen und zur Politik der deutschen Sozialdemokratie im Besonderen. Ich behalte mir vor, mir über neu auftauchende Fragen selbst den Kopf zu zerbrechen. Und ich werde nie im Voraus Ja sagen zu jeder Einzelformulierung, auch wenn sie von dem ersten Mann der Partei kommt. [...] Ich will mich nicht aufdrängen, ich sehe keine Veranlassung, mich zu verteidigen, aber ich stehe zur Sache und zu meinem Wort.[48] Ahnt der aus dem Exil zurückgekehrte Außenseiter, wie einsam er in den folgenden Jahrzehnten zuweilen angesichts von Gegnern, aber auch unter Freunden bleiben wird?

Im Januar 1948 tritt Brandt sein Amt an. Einige Monate später heiratete er nach der Scheidung von seiner ersten Frau Carlota die Norwegerin Rut Hansen. Brandt und sie hatten sich während des Kriegs in Stockholm kennen gelernt und waren zusammen nach Berlin gekommen.

1948 – das war das Jahr, in dem der Kalte Krieg begann. In London fassen die Westmächte den Entschluss, einen westdeutschen Bundesstaat zu bilden. In Berlin kündigen die Sowjets als Antwort ihre Mitarbeit im Alliierten Kontrollrat auf. Währungsreform in Westdeutschland, in West-Berlin Blockade. In Bonn konstituiert sich die Verfassunggebende Versammlung. Im Berliner Ostsektor lösen Kommunisten die Gesamtberliner Stadtverordnetenversammlung auf. Als das Jahr zu Ende geht, hat die Stadt zwei Oberbürgermeister: Friedrich Ebert (SED) in Ost-Berlin und Ernst Reuter (SPD) in West-Berlin. Die Teilung Berlins war vollzogen, die Teilung Deutschlands stand bevor.

1946 hatte Brandt geschrieben: *Deutschland [...] kann aus dieser Krise nur dann als einheitlicher Staat hervorgehen, wenn der Neuaufbau im Einvernehmen und in Zusammenarbeit mit «sowohl dem Osten wie dem Westen» vollzogen wird. Jede einseitige Lösung trägt dazu bei, die Zonengrenzen zu stabilisieren.*[49] Jetzt, da die Großmächte ihr Kriegsbündnis zerschnitten hatten, war die

Rut Harsen

Formel für die deutsche Nachkriegspolitik: Ausgleich mit dem Westen und dem Osten[50] überholt. Aber was an ihre Stelle treten sollte, darüber gingen die Meinungen auseinander, auch in der SPD.

Für zwei verschiedene Wege, für unterschiedliche Konsequenzen aus dem Ost-West-Konflikt standen in der Sozialdemokratie zwei sehr gegensätzliche Persönlichkeiten: Kurt Schumacher[51] und Ernst Reuter.

Brandt ergriff eindeutig Partei – und zwar für Reuter. Beide Männer waren um die gleiche Zeit in das Nachkriegs-Berlin gekommen und einander im Haus Annedore Lebers, der Witwe Julius Lebers, zum ersten Mal begegnet. *Wir hatten am politischen Himmel und in der Welt des Geistes dieselben Sterne.*[52]

Ernst Reuter
Wie andere Weggefährten Willy Brandts kam auch der 1889 geborene Reuter früh zur SPD: 1912. In russischer Kriegsgefangenschaft wurde er unter dem Einfluss der Oktoberrevolution vorübergehend ein überzeugter Kommunist und 1919 1. Sekretär der neu gegründeten KPD in Berlin, 1921 sogar Generalsekretär der Gesamtpartei. Doch schon ein Jahr später kam es zu politischen Differenzen, Reuter kehrte in die SPD zurück und wurde 1926 Stadtrat in Berlin und von 1931 bis 1933 Oberbürgermeister von Magdeburg. 1946 kehrte er aus dem türkischen Exil nach Berlin zurück. Ein sowjetisches Veto verhinderte 1947 seinen Amtsantritt als gewählter Oberbürgermeister. Von 1950 bis zu seinem Tod 1953 war er Regierender Bürgermeister von West-Berlin.

In einer Biographie Ernst Reuters, die er zusammen mit Richard Löwenthal verfasste, sowie in Nachrufen hat Brandt geschildert, wie er Reuter sah: privat als *freundlich und friedfertig*, als einen *innerlich selten reichen Menschen*, als *wissenschaftliche und musische Natur. – Zu seinem Leben gehörten die gute Zigarre und das gute Buch, die Natur und ihre Blumen. Zu ihm gehörten die alten Griechen und klassische Musik, [...] Goethe und die moderne Literatur.*

Hier wie auch bei der Schilderung des Politikers Ernst Reuter werden, so könnte man meinen, besonders jene Eigenschaften hervorgehoben, die Reuter von Schumacher unterscheiden. Reuter, so heißt es in dem zitierten Nachruf, war *volkstümlich im besten Sinn des Wortes.* Und Reuter *zeigte positive Lösungen auf, appellierte immer wieder an das Gute im Menschen. – Der Regierende Bürgermeister war ein Mann des Ausgleichs, [...] vornehm und versöhnlich.*[53] Das alles kann man von dem kompromisslosen und aggressiven Schumacher nicht sagen, eher schon von dem späteren Willy Brandt. Auch er ein «Mann des Ausgleichs», hat zum 20. Todestag Kurt Schumachers gesagt: Er *war ein leidenschaftlicher Patriot, kämpferischer sozialer Demokrat, unbeugsamer Kämpfer für die Freiheit. [...] Wenn wir heute zu-*

rückdenken und [...] Ernst Reuter neben Kurt Schumacher stellen, dann wird uns bewusst, wie sehr beide, bei allem Unterschied der Temperamente und der spezifischen Erfahrungen, darin übereinstimmten.[54] So kann man es sehen. Beiden gemeinsam war auch ihr leidenschaftlicher Antikommunismus. Für beide war die deutsche Hauptstadt «ihr» Berlin. Aber zu Lebzeiten Schumachers und Reuters sahen ihre jeweiligen Anhänger und Kritiker doch hauptsächlich die Gegensätze zwischen ihnen, die prinzipiellen Meinungsunterschiede, eine gewisse Rivalität und die menschlichen Verständigungsschwierigkeiten, die sie miteinander hatten.[55]

Angesichts des zunehmenden Ost-West-Konflikts und der kommunistischen Bedrohung West-Berlins befürwortete Reuter die Adenauer'sche Politik der Westintegration. Schumacher bekämpfte diese Politik, jedenfalls so, wie Konrad Adenauer sie betrieb, weil er die damit verbundenen Gefahren für die deutsche Einheit nicht in Kauf nehmen wollte. Der Bürgermeister in Berlin sagte Ja zum Europarat, zum Schuman-Plan und zur Remilitarisierung; der Parteivorsitzende sagte Nein oder knüpfte, wie im Fall der Wiederbewaffnung, viel höhere

Vorläufige Mandatskarte für den I. Deutschen Bundestag. Willy Brandt war einer von acht Berliner Abgeordneten.

Bedingungen daran. Reuter sah den Aufbau der deutschen Demokratie als Gemeinschaftswerk aller Demokraten; Schumacher setzte dem entgegen: «Die deutsche Demokratie kann nur sozialistisch sein oder sie wird gar nicht sein.» Reuter war auf Ausgleich mit der CDU aus, Schumacher auf Auseinandersetzung.

Und in allen diesen Fragen nahm Brandt, der Vertreter des Parteivorstands, Partei für den Regierenden Bürgermeister. In der Reuter-Biographie erkennt man, wie stark Reuters Vorstellungen Brandt an Julius Leber und an die Politik der Norwegischen Arbeiterpartei erinnert haben. Wäre Brandt nach Hannover und nicht nach Berlin gekommen, vielleicht hätte die SAP-Tradition sein Denken nachhaltiger bestimmt. Reuters Einfluss bestätigte «den Norweger», bekräftigte den Pragmatismus, den Brandt sich in der NAP erworben hatte. So nimmt es nicht wunder, dass die Zusammenarbeit mit Schumacher recht schwierig für ihn war. *Es ging nicht so, […] wie es hätte gehen können.*[56] *Er hatte das Gefühl, dass ich, statt die Parteileitung zu vertreten, «Reuters Mann» geworden sei.*[57] Schumacher, bemerkt sein Biograph, misstraute Willy Brandt deshalb immer mehr.[58] Erst im

> «Ich respektierte Schumachers Bedeutung, doch das Apodiktische seiner Aussagen oder Ausbrüche widerstrebte mir, wie auch die Absolutheit seines Anspruchs auf Gefolgschaft.»
> Willy Brandt, Links und frei.
> Hamburg 1982, S. 417

Sommer 1952, kurz vor dem Tod Kurt Schumachers, sagt Brandt, *sind wir einander wirklich näher gekommen*[59].

Die Divergenzen zwischen Schumacher und Reuter spielten weit über den Tod der beiden Politiker in die Berliner Politik hinein, da sich der Vorsitzende der Berliner SPD, Franz Neumann, und zunächst eine Mehrheit, später noch eine starke Minderheit in der Berliner Parteiorganisation Schumacher beziehungsweise der bundesdeutschen SPD und nicht dem Reuter-Kurs verpflichtet fühlte.[60] Insbesondere Anfang der fünfziger Jahre kam es zu erbitterten Auseinandersetzungen. Neumann plädierte nach einem enttäuschenden Wahlergebnis der Partei für Opposition im Abgeordnetenhaus, Reuter

Mit Ernst Reuter auf dem SPD-Parteitag 1952

schloss eine große Koalition. Neumann und viele andere SPD-Mitglieder meldeten stärkste Bedenken gegen die Übernahme von Bundesgesetzen für Berlin an, die in dieser Form von der SPD-Bundestagsfraktion nicht gebilligt worden waren und, verglichen mit den bisherigen Regelungen in Berlin, als Rückschritt gewertet werden mussten. Das galt insbesondere für die Schulgesetzgebung, die Kranken- und Altersversicherung sowie das Beamtengesetz.[61] Reuter und Brandt hielten entgegen, das Übergeordnete, das Wichtigere sei die Berlin-Bindung an den Bund, und setzten sich mit diesem Standpunkt durch.

Als Gefolgsmann und politischer Erbe Reuters hat Brandt schwere Niederlagen eingesteckt. Zweimal kandidierte er in den fünfziger Jahren gegen Neumann für das Amt des Berliner Landesvorsitzenden der SPD. Zweimal bemühte er sich vergeblich, Mitglied des SPD-Parteivorstandes zu werden. Erst 1958 gelang ihm beides. Wie kam es schließlich zum Erfolg?

Brandt bewies zugleich Geschmeidigkeit und Härte. Solange er seines Erfolgs nicht sicher war, vermied er, Neumann herauszufordern, überspielte er, so gut es ging, die Auseinandersetzung, ließ sie schwelen, versuchte, sein Verhältnis zur Gesamtpartei nicht zu verschlechtern, betonte nicht seine Vorbehalte gegen ihre Wehr- und Außenpolitik. Der Politologe Abraham Ashkenasi, eindeutig auf Seiten Brandts, hatte später sogar Schwierigkeiten, dessen Standpunkt durch Zitate zu belegen und musste schließlich eingestehen: «Da Brandt in jeder Situation seinem politischen Instinkt (oder vielleicht – wie seine Kritiker sagen würden – seinem Opportunismus) nachgab, ist es in der Tat oft schwierig, aus seinen offiziellen Verlautbarungen in dieser Zeit zu erkennen, welche Politik er eigentlich verfolgte.»[62]

Brandt lernte auch aus den Fehlern Reuters. In dessen Biographie bemerkt er, Reuter habe *den parteipolitischen Betrieb* immer unterschätzt. Brandt tat das nicht. Gestützt auf meist jüngere Parteimitglieder, die sich als moderne Sozialdemokraten bezeichneten, und mit Hilfe besonders von Klaus Schütz, der zunächst ein Linker, im Laufe der Jahre zum Reformer wurde, machte sich Brandt daran, systematisch die zwanzig Kreisorganisationen zu erobern.[63] Die Brandt-Crew zog von Versammlung zu Versammlung. Auch die Presse wurde eingespannt. Bevor «ihr Mann» 1958 zum dritten Mal und diesmal erfolgreich gegen Neumann kandidierte, entwickelte Klaus Schütz «ein Karteikartensystem, in dem die politischen Ansichten aller Parteitagsdelegierten verzeichnet wurden, und arbeitete Methoden aus, nach denen man auf der Grundlage dieses Katalogs an jeden einzelnen Delegierten herantreten konnte. [...] Das Ergebnis war, dass zwölf Kreise für Brandt und acht für Neumann stimmten.»[64] Brandt hatte erreicht, schreibt Ashkenasi, «was selbst Ernst Reuter nicht gelungen war: Er hatte die völlige Kontrolle über den Landesverband übernommen. [...] Zum ersten Mal seit Kriegsende war ein Landesvorsitzender von der Opposition in der eigenen Partei abgewählt worden.»[65] Der Abgewählte weigerte sich, Brandt die Hand zu geben. Fein ist es auf beiden Seiten in diesem jahrelangen Kampf nicht zugegangen. Jede Gruppe war vorübergehend überzeugt, dass die andere «in Grund und Boden gestampft werden müsste»[66].

In offene Feindschaft war das Verhältnis zwischen Brandt und Neumann am 5. November 1956 umgeschlagen.

Um gegen die brutale Unterdrückung der Budapester Volkserhebung [durch sowjetische Panzer] zu protestieren, hatten die Berliner Parteien zu einer Kundgebung vor dem Schöneberger Rathaus aufgerufen. [...] Es waren sicherlich hunderttausend Menschen, die an jenem Abend zusammenströmten, zum großen Teil verzweifelte und verbitterte Menschen. Das Gefühl der Machtlosigkeit, die Erkenntnis, dass die Budapester von der freien Welt ebenso im Stich gelassen wurden wie die Ostberliner drei Jahre zuvor, steigerte die Empörung.

Die Redner jener Kundgebung hatten einen schweren Stand. Die wohlgemeinten Worte wurden als leer empfunden. Der sozialdemokratische Landesvorsitzende Neumann wurde ausgepfiffen, niedergeschrien. [...] Von allen Seiten prasselten die Zurufe, wurden von Sprechchören aufgenommen: «Zum Brandenburger Tor!», «Zur Sowjetbotschaft!», «Russen raus!»

Brandt damals Präsident des Abgeordnetenhauses, sprang als außerprogrammmäßiger Redner ein.

Um einen wilden Marsch zum Ostsektor abzuwenden, forderte ich die Menge auf, sich mir anzuschließen und zum Steinplatz zu ziehen, wo wir uns am Denkmal für die Opfer des Stalinismus versammeln wollten. Viele folgten mir. Andere gingen nach Hause. Damit war ein erster Erfolg erreicht. [...] Da kamen bedrohliche Nachrichten. Einige tausend, meist junge Menschen hatten einen besonderen Zug formiert und waren fackelschwingend zum Brandenburger Tor marschiert. Ein Teil der Demonstranten war auch dorthin gelangt. Ein größerer Teil war an der Straße des 17. Juni von unserer West-

berliner Polizei aufgehalten worden, […] die Situation wurde fast von Minute zu Minute kritischer. Ich sprang mit Rut in ein Auto und raste hin, um das Schlimmste verhüten zu helfen. Das Schlimmste waren Zusammenstöße an der Sektorengrenze; wenn die Sowjets in einen Kampf verwickelt worden wären, hätte das den Krieg bedeuten können. Es standen nicht nur schussbereite Volkspolizisten am Brandenburger Tor, es standen auch russische Panzer in den Nebenstraßen der «Linden».

Über einen Lautsprecherwagen der Polizei, dessen Scheiben zertrümmert waren, wandte ich mich an die erregte Menge. […] Ich sagte, […] dass wir das Geschäft der anderen Seite betrieben, wenn wir uns untereinander bekämpften oder uns provozieren ließen. Der Druck auf die Polizeikette ließ nach. […] Dann war es so weit, dass wir […] das Lied vom guten Kameraden singen konnten – Demonstranten und Polizisten, die eben noch aufeinander eingehauen hatten.

Anschließend gelang es Brandt, auch die Demonstranten, die bis zum Brandenburger Tor gekommen waren, von der Sektorengrenze fortzuführen.

Dass die Ungarnkundgebung nicht mit einem großen Unglück in und für Berlin endete, war nicht mein Verdienst. Viele Berliner schreiben Brandt dies Verdienst zu, und auch er wusste: *Jener Abend hat sicherlich dazu beigetragen, dass Rut und ich uns die Herzen der Berliner gewannen.*[67]

Am 30. August 1957 stirbt Otto Suhr, der 1953 die Nachfolge Reuters angetreten hatte. Für Brandt und seine Freunde steht schon seit dem vorangegangenen November fest, wer die Nachfolge Suhrs antreten wird. Ein letztes Mal versucht Franz Neumann Widerstand.[68] Zwar wird ihm sehr schnell klar, dass er selber keine Chancen hat, der erste Mann in West-Berlin zu werden; er macht sich auf die Suche nach einem Bürgermeisterkandidaten in der Bundesrepublik und findet ihn in Adolf Arndt. Auf einer Sitzung des SPD-Vorstands in Bonn, auf der die Suhr-Nachfolge erörtert wird, erfährt Carlo Schmid von Arndts Bereitschaft, telefoniert sofort mit ihm und lässt sich das Versprechen geben, dass Arndt nicht gegen Brandt kandidieren werde. Aber Neumann gibt nicht auf. Jetzt springt der Kreuzberger Bezirksbürgermeister Willy Kressmann als Bür-

Willy Brandt, 1957

germeisterkandidat für ihn in die Bresche. Doch auch er muss sehr schnell einsehen, dass es zwecklos ist. Auf einem außerordentlichen Landesparteitag am 30. September nominiert die Berliner SPD mit 223 gegen 26 Stimmen Willy Brandt. Am 3. Oktober 1957 wird er zum Regierenden Bürgermeister von Berlin gewählt. Zwanzig Jahre früher hatte er seinem Freund Herbert George in einer kleinen Osloer Zwei-Zimmer-Wohnung anvertraut, er, Brandt, sei überzeugt, dass er später einmal in Deutschland eine wichtige politische Rolle spielen würde. Jetzt ist es so weit – sicherlich später, als Brandt gehofft hat, aber früher, als andere vermutet haben. «Der Spiegel» spricht nach der Wahl von einer «Blitz-Karriere» des «weltgewandten Außenseiters»[69].

Am 7. Dezember 1958 wird in Berlin gewählt. Erstmals wird an Wählerstimmen abzumessen sein, was die Berliner von ihrem neuen Regierenden Bürgermeister halten. Brandt, seit Januar auch Berliner SPD-Chef, setzt gegen Widerstand ein Wahlkampfkonzept durch, das sozialdemokratischen Traditionen völlig widerspricht. Man versucht aus amerikanischen Wahlkämpfen zu lernen, alle Bevölkerungsschichten anzusprechen, auf Veranstaltungen neuen Stils Politik und Unterhaltung zu vermischen. Das Ergebnis kann sich sehen lassen. Während die Bundes-SPD unter Erich Ollenhauer im Jahr zuvor ihre bisher schwerste Niederlage hatte hinnehmen müssen, steigerte die Berliner SPD unter Willy Brandt ihren Stimmenanteil von 44 auf 52,6 Prozent. Wesentlich dazu beigetragen hat allerdings das Chruschtschow-Ultimatum vom November 1958.

Schon seit 1957 hatte die SED-Führung Moskau bedrängt, es müsse irgendetwas geschehen, um «das Berlin-Problem» zu lösen, da jedes Jahr zahlreiche Bürger der DDR über West-Berlin in die Bundesrepublik flüchteten. Aber erst im Herbst 1958 gab Chruschtschow diesem Drängen nach. Im Oktober konnte Ulbricht im Einvernehmen mit dem Chef der KPdSU erklären, ganz Berlin liege auf dem Territorium der DDR. Die Westmächte hätten «die Rechtsgrundlage ihres Aufenthalts in Berlin untergraben, jeden Rechtsanspruch und jede moralisch-politische Begründung auf eine Fortführung der Besatzung in West-Berlin verwirkt»[70]. Einen Monat später, am 27. November, forderte die Regierung der UdSSR in Noten an die drei Westmächte die Umwandlung West-Berlins in eine entmilitarisierte Freie Stadt. Für Verhandlungen über diesen Vorschlag wurde eine Frist von sechs Monaten gesetzt.

In einer Erklärung des Regierenden Bürgermeisters noch am gleichen Tag empfahl Brandt dem Westen, nicht defensiv, sondern offensiv zu reagieren und sich auf keine Verhandlungen ausschließlich über das Berlin-Problem einzulassen. *Es gibt keine isolierte Lösung der Berliner Frage. Wenn ein Beitrag zur Entspannung und zur Wiedervereinigung Deutschlands geleistet werden soll, wie es in der sowjetischen Note unter anderem heißt, dann handelt es sich hier und jetzt nicht um die Berliner Frage, sondern um die Überwindung der Spaltung Deutschlands. Darüber muss verhandelt werden und nicht um die Änderung des Status quo von Berlin.*

Rut unc Willy Brandt, Juni 1959. Als «das Ehepaar Brandt in Abendkleid und Smoking zum Berliner Presseball erschienen war, war das außerhalb der SPD als Sensation empfunden worden – ‹Sozis im Smoking!› Innerhalb der alten Partei aber weckte es manches Ressentiment, galt noch als Beispiel für mangelnde Askese oder bürgerliche Lebensart.»
(Horst Ehmke, Mittendrin, S. 187)

| 1958 | 1959 | 1960 |

Es gelang zwar nicht, die Berlin-Krise zum Ausgangspunkt eines neuen und Erfolg versprechenden deutschlandpolitischen Vorstoßes zu machen, dafür war es schon zu spät; aber als das sowjetische Ultimatum im Mai 1959 ablief, hatten auch Nikita Chruschtschow und Walter Ulbricht nichts von dem erreicht, was sie bezweckten. Ungewollt hatten sie vielmehr dazu beigetragen, den Berliner Bürgermeister international bekannt und populär zu machen.

1958 und 1959 gelang Brandt der große Durchbruch – nicht nur in Berlin, wo er Neumann und die CDU besiegte, auch in der Bundesrepublik. Er wurde in den SPD-Parteivorstand gewählt, der ihn 1960 als Kanzlerkandidaten nominierte. Zu dieser Entscheidung trug wesentlich das Renommee bei, das sich Brandt bei offiziellen Besuchen in Frankreich, wo er im Dezember 1958 erstmals von Charles de Gaulle empfangen wurde, in England und anderen europäischen Staaten sowie auf einer Weltreise im Februar 1959 erwarb.[71] Rückblickend schrieb Kreisky: «Die Illustrierten der Welt bemächtigten sich seiner und seiner hübschen Frau. Mit ihm fotografiert zu werden war ehrenvoll und brachte Gewinn. Da beschlich manchen der Freunde die Sorge, ob da nicht die Versuchung, publicity und policy zu verwechseln oder gar gleichzusetzen, zu groß werden könnte.»

Die wirtschaftspolitischen Probleme der Stadt nötigten trotz weltweiter Publicity zu kommunalpolitischer Nüchternheit. 1959 war die Zahl der Arbeitslosen im Verhältnis zu 1949 zwar wesentlich zurückgegangen, von über 300000 auf etwa 65000. Aber zunehmend Sorge bereitete dem Senat die ungünstige Bevölkerungsstruktur der Stadt. Berlin war durch die Übersiedlung vieler Berufstätiger in die Bundesrepublik, wo sie größere Chancen für ihr Vorwärtskommen sahen, eine überalterte Stadt geworden.

Ende der fünfziger, Anfang der sechziger Jahre bestand die wichtigste innenpolitische Aufgabe des Bürgermeisters und des Senats darin, im Interesse des wirtschaftlichen Wachstums der Stadt möglichst viele jüngere Menschen, besonders Facharbeiter, und möglichst viele Betriebe aus dem Westen nach Ber-

Berlin im Kalten Krieg

24. Juni 1947   Die sowjetische Besatzungsmacht verhindert durch ihr Veto den Dienstantritt des gewählten Oberbürgermeisters Ernst Reuter.

16. Juni 1948   Die sowjetischen Vertreter verlassen die Alliierte Kommandantur.

24. Juni 1948   Durch die Blockade sämtlicher westlicher Zufahrtswege nach Berlin versucht die UdSSR, die gesamte ehemalige Reichshauptstadt unter ihre Herrschaft zu bringen.
Die Westmächte sichern die Versorgung West-Berlins durch eine Luftbrücke.
Mitte Mai 1949 werden die Land- und Wasserwege nach West-Berlin wieder freigegeben.

6. September 1949   Von der SED mobilisierte Demonstranten sprengen die im sowjetischen Sektor tagende Stadtverordnetenversammlung. In Ost- und West-Berlin entstehen getrennte Verwaltungen und Volksvertretungen.

7. Oktober 1949   Ost-Berlin wird Hauptstadt der neu gegründeten DDR.

17. Juni 1953   Ost-Berlin wird zum Zentrum des Arbeiteraufstandes in der DDR.

27. November 1958   Erneute Berlin-Krise. Ein Chruschtschow-Ultimatum fordert die Umwandlung West-Berlins in eine entmilitarisierte Freie Stadt. Anderenfalls würden die Berlin-Rechte der UdSSR auf die DDR übertragen. Der Plan scheitert am entschiedenen Widerstand der Westmächte.

13. August 1961   Bau der Berliner Mauer.

lin zu holen. Wirtschaftlich ging es langsam, Schritt für Schritt bergauf, und auch politisch wurde es wieder ruhiger um die Stadt. Brandt im Frühjahr 1960: *Ich habe Vertrauen in die Zukunft. Ich sehe, gottlob, weder die Gefahr eines Krieges noch die eines kalten Handstreiches gegen unsere Stadt. Es braucht sich niemand unnötige Sorgen zu machen. [...] Unsere Sicherheit ist nicht mehr unmittelbar bedroht.*[72] Doch schon ein Jahr später, im Mai 1961, weiß er, dass die Berliner wieder *auf neue Spannungen gefasst sein müssen*[73].

Zu Beginn des Jahres hatte Chruschtschow erneut mit einer «Berlin-Regelung» gedroht. Im März war Brandt bei dem neuen amerikanischen Präsidenten John F. Kennedy gewesen, der sich auf seine erste Begegnung mit Chruschtschow vorbereitete und den die US-Berlin-Experten warnten, dass eine neue

Krise noch im Laufe des Jahres zu erwarten sei. [74] Damals rechnete Brandt mit starken Zug- und Straßenkontrollen, mit Sperren zwischen der DDR und Ost-Berlin sowie zwischen Ost- und West-Berlin. Im Juni erklärte dann Chruschtschow Kennedy in Wien, er sei fest entschlossen, bis Ende 1961 einen separaten Friedensvertrag zu schließen. Die gesamte Kontrolle der Verbindungswege nach Berlin werde dann der DDR zufallen – eine Drohung, die Brandt wie auch sein neuer enger Mitarbeiter Egon Bahr für einen Bluff des sowjetischen Parteichefs hielten, weil sie ihm nicht zutrauten, Walter Ulbricht «von der Leine loszulassen» (Bahr). Aber: *Die Krise schien unvermeidlich. Wann würde sie eintreten? Vor allem aber: Welche Form würde sie annehmen?* [75]

Im Frühsommer schwoll der Flüchtlingsstrom aus der DDR nach West-Berlin gewaltig an. Im Juni meldeten sich 20 000, im Juli 30 000 in den Notaufnahmelagern. Die Menschen trieb die Angst, bald nicht mehr über West-Berlin in den Westen zu können. Wiederum versuchte Brandt, *aus der Einengung des Berlin-Problems auszubrechen,* und schlug die Einberufung einer großen Friedenskonferenz vor. [76] Washington war fest entschlossen, in drei für die USA und auch andere NATO-Staaten entscheidenden Punkten nicht zurückzuweichen: Das Recht auf ungehinderten Zugang vom Westen her, auf die Anwesenheit alliierter Truppen sowie die Freiheit der Bevölkerung West-Berlins, sich ihr politisches System selbst zu wählen, sollten bis zum Äußersten verteidigt werden. Man fürchtete das Schlimmste, doch vom Mauerbau wurde die westliche Seite, sowohl die Alliierten als auch die Deutschen, völlig überrascht. Niemand hatte vorher etwas gewusst.

August 1961. Brandt befindet sich auf einer Wahlkampfreise durch die Bundesrepublik. *Am Nachmittag des 12. August sprach ich auf dem Marktplatz in Nürnberg. [...] Spät am Abend bestieg ich mit einigen Mitarbeitern den Sonderzug. [...] Nur wenige Stunden hatten wir geschlafen, als der Zug gegen vier Uhr am 13. August in Hannover ankam. Dort weckte uns ein Freund mit der Nachricht aus Berlin, was dort seit Mitternacht im Gange war. Wir nahmen das erste Flugzeug. Vom Tempelhofer Feld fuhr ich sofort zur*

Sektorengrenze am Potsdamer Platz und am Brandenburger Tor.
Das Ungeheuerliche und doch nicht völlig Überraschende geschah:
Ostberlin wurde durch ein großes Militäraufgebot von uns abgerie-
gelt. Spanische Reiter wurden in die Erde gerammt, immer neue Rol-
len von Stacheldraht gezogen – der Bau der eigentlichen Mauer be-
gann drei Tage später. [...] Dies war einer der traurigsten Tage, die
ich erlebt habe. Berlin war wieder Frontstadt geworden.[77]

Ab 11 Uhr verhandelte Brandt mit den drei westlichen
Stadtkommandanten. Den ganzen Tag über tagte der Senat.
Am Abend trat das Abgeordnetenhaus zusammen.

Am Nachmittag des 16. August versammelten sich über
eine Viertelmillion Berliner zu einer Protestkundgebung vor
dem Schöneberger Rathaus. Transparente wurden geschwenkt:
«Vom Westen verraten?» – «Hau auf die Pauke, Willy!» Brandt
griff zu jenem Pathos, das die Berliner von Ernst Reuter kannten: *Volk von Berlin! – Wir rufen die Völker der Welt! – Das Ergeb-*
nis eines schreienden Unrechts kann nicht ein papierner Protest sein!
Dann die Mitteilung, er, der Regierende Bürgermeister, habe gerade einen Brief an Kennedy geschrieben. *Berlin erwartet mehr*
als Worte. Berlin erwartet politische Aktion. Donnernder Beifall vor
dem Rathaus; in Bonn und Washington Verstimmung. Im Wei-
ßen Haus ist man erleichtert: Der Zugang vom Westen her nach
West-Berlin bleibt offen. Die West-Berliner können weiter über
ihre innere Ordnung frei entscheiden. Nur die Viermächtever-
antwortung für ganz Berlin ist nun sichtbar reduziert auf die
Dreimächteverantwortung für die drei Westsektoren – eine
Niederlage, die in Washington, Paris und London eingesteckt
wird, zumal die drei westlichen Stadtkommandanten die völkerrechtliche Verantwortung für g a n z Berlin praktisch nie be-
ansprucht, geschweige denn durchgesetzt hatten. Doch dessen
war sich die Bevölkerung nicht bewusst.

Brandt war sich darüber klar, dass von den Westmächten,
fixiert darauf, dass der Status quo nicht angetastet worden war,
angesichts des Mauerbaus allenfalls Gesten zu erwarten waren. Aber die hielt er für dringend nötig. In seinem Brief an den
amerikanischen Präsidenten vom 16. August schlug er unter
anderem eine demonstrative Verstärkung des US-Kontingents

Die Mauer

in West-Berlin vor – das geschieht. Und weiter: in West-Berlin offiziell den Dreimächtestatus einzuführen – das unterbleibt.

Als das Jahr zu Ende ging, waren sich die Berliner mit ihrem Bürgermeister einig: *Wir werden hier in dieser Stadt nicht auf lange Sicht diese Mauer ertragen können. Wir werden nicht eher wieder wirklich ruhig schlafen, [...] bevor die Mauer verschwunden ist.*[78]

Früher als viele andere Berliner Bürger erkannte der Regierende Bürgermeister schließlich: *Wir müssen lernen, mit der Mauer zu leben. [...] Wir müssen uns überlegen – geduldig und gründlich –, wie wir sie transparent machen können. Sie kann nicht beseitigt werden, sie muss in einem größeren Zusammenhang überflüssig gemacht werden.*[79]

Ein solches Konzept setzt sowjetische Beteiligung, zunächst das Gespräch mit der anderen Seite voraus. Dazu war Brandt auch schon vor dem Mauerbau bereit gewesen. Als Chruschtschow im Januar 1963 zum SED-Parteitag nach Ost-Berlin kam, war Brandt entschlossen, die Begegnung mit dem sowjetischen Ministerpräsidenten nachzuholen, zu der es im März 1959 trotz Chruschtschows Einverständnis nicht gekommen war. Als Vermittler hatte damals Bruno Kreisky gedient, zu dieser Zeit Staatssekretär im Wiener Außenamt. Brandt hatte ihm schon im Herbst 1958 angedeutet, dass ihm daran läge, mit den Sowjets ins Gespräch zu kommen. Im Februar 1959 erfuhr Kreisky durch den sowjetischen Botschafter in Wien, Chruschtschow sei bereit, sich mit Brandt zu treffen. Kreisky bat Brandt, der gerade auf seiner Weltreise in Indien war, über Wien zurückzukehren.[80] Wieder in West-Berlin, informierte Brandt die Bundesregierung und die Alliierten. Bundesaußenminister Heinrich von Brentano hielt «es nicht für inopportun», dem sowjetischen Ministerpräsidenten die Meinung des Regierenden Bürgermeisters darzulegen. Die Amerikaner waren gegen das Treffen, die Engländer und Franzosen sagten weder Ja noch Nein. Die SPD in Bonn war eher abgeneigt, weil ein vorangegangenes Treffen von Chruschtschow und Ollenhauer eine ziemliche Pleite für den Oppositionsführer geworden war. Nach längerem Hin und Her auch im Senat hatte sich Brandt dann zu einer Absage entschlossen.

Anfang 1963 war sein Interesse ungleich größer als 1959, mit Nikita Chruschtschow zu reden.[81] Egon Bahr, damals Chef des Berliner Presse- und Informationsamtes, bereitete in mehreren Gesprächen mit sowjetischen Vertretern in Berlin das Zusammentreffen vor. Chruschtschow war einverstanden. Ernst zu nehmender Widerstand kam jetzt weder von den Alliierten noch aus Bonn; Adenauer allerdings war einer eindeutigen Stellungnahme im Gespräch mit dem Regierenden Bürgermeister ausgewichen.

Vor dem geplanten Treffen rief Brandt eine Sitzung des Senats ein. Auf dieser Sitzung erklärte der damalige stellvertretende Bürgermeister Franz Amrehn (CDU), wenn Brandt Chruschtschow treffe, werde seine Partei die Große Koalition in Berlin platzen lassen. Brandt erwog in diesen Stunden, oder jedenfalls in diesen Tagen, telefonisch Kennedy um Rat zu fragen, tat es aber nicht. Egon Bahr fiel es zu, seine sowjetischen

Gesprächspartner in West-Berlin über die erneute Absage zu informieren. Brandt hatte begriffen, dass die beabsichtigte Begegnung nicht die gewünschte Wirkung haben würde. Er hatte den Widerstand dagegen unterschätzt. Allerdings hat die Haltung Amrehns wesentlich zu dem Entschluss Brandts beigetragen, nach den Berliner Wahlen im März 1963 die Große Koalition in der Stadt aufzukündigen und einen Senat unter Beteiligung der FDP zu bilden.

Willy Brandt ist Nikita Chruschtschow nie begegnet. John F. Kennedy sah er zum letzten Mal am 26. Juni 1963 in Berlin. Die beiden Männer hatten sich das erste Mal im Februar 1958 in Amerika getroffen, als Kennedy noch Senator war. Brandt war damals 44, Kennedy 40 Jahre alt. Man mochte sich. *Man spürt, wenn man einen wirklich persönlichen Kontakt gefunden hat.*[82] Jetzt, im Sommer 1963, kam der amerikanische Präsident zum Abschluss seiner Deutschland-Reise nach Berlin. Die Bilder von den jubelnden Menschenmassen, die Erinnerung an den überwältigenden Empfang des Präsidenten und an die berühmten Sätze, mit denen John F. Kennedy vor dem Schöneberger Rathaus seine Solidarität mit dem freiheitsliebenden Berlin zum Ausdruck brachte, haben ein anderes Ereignis dieses denkwürdigen Tages fast vergessen lassen: Kennedys Rede vor den Studenten der Freien Universität. Sie ist politisch wichtiger als die Rathaus-Rede und für die Politik Brandts in den folgenden Jahren von besonderer Bedeutung, denn hier rief Kennedy zur Inventur in der Frontstadt auf. In der Freien Universität verlangte er, sich in Berlin von Schlagworten und Selbsttäuschungen frei zu machen und die Tatsachen zu sehen: «Wenn wir für die Zukunft dieser Stadt arbeiten wollen, dann lassen Sie uns mit den Gegebenheiten fertig werden, so wie sie wirklich sind, nicht so, wie sie hätten sein können und wie wir sie nur gewünscht hätten.» Solange die Stadt gespalten bleibe, müsse man versuchen, alles, was nur möglich sei, zu tun, um das Schicksal der Menschen auf der anderen Seite zu erleichtern. Damit hatte der amerikanische Präsident die Motive für Brandts Politik der kleinen Schritte dargelegt und die Basis seiner späteren Ostpolitik beschrieben.

Mit US-Präsident John F. Kennedy und Bundeskanzler Konrad Adenauer: Fahrt durch Berlin, Juni 1963

Sechs Monate später wurden die ersten Verhandlungen des West-Berliner Senats mit der DDR-Regierung abgeschlossen. Am 17. Dezember 1963 unterzeichneten Beauftragte aus beiden Teilen der Stadt ein Passierscheinabkommen, das den West-Berlinern ermöglichte, zu Weihnachten erstmals wieder seit dem Mauerbau nach Ost-Berlin zu fahren. John F. Kennedy lebte zu dieser Zeit nicht mehr. Aber er steht an der Spitze derer, die Brandt ermutigt haben, eine neue Ostpolitik zu machen.

Kanzlerkandidat
(1960 – 65)

Zu Beginn der sechziger Jahre versuchte der fünfzigjährige
Brandt, ein anderer als er selbst zu sein: ein «deutscher Kennedy». Am Ende des Versuchs stand der Zusammenbruch. Kennedy und Brandt, Verkörperung der Jugend in der großen Politik;
Kennedy und Brandt, einander Hände schüttelnd; Kennedy
und Brandt im Profil wie Zwillingsbrüder – gab es überhaupt
noch etwas, was dieses transatlantische Duo sozialdemokratischer Werbung voneinander unterschied?

Der eine trug Verantwortung für eine halbe Weltstadt, der
andere für die halbe Welt. Kennedy: von Hause unabhängig,
reich, gebildet, ein Wunderkind der Politik; daneben wirkte
Brandt fast wie der arme Vetter.[83] Kennedy hatte den Wahlkampf 1960 gegen Richard M. Nixon knapp gewonnen. Konnte Brandt gegen Konrad Adenauer gewinnen? Die SPD wollte
aus der Opposition heraus, und das war nicht so selbstverständlich, wie es klingt. Die Partei, 1963 100 Jahre alt, hatte davon 97 Jahre in der Opposition verbracht. Deutsche, die zu Beginn der Weimarer Republik geboren worden waren und die
noch zur Schule gingen, als Hitler an die Macht kam, hatten
eine sozialdemokratische Regierung nie bewusst erlebt. Vielen
erschien es schon fast selbstverständlich, dass der SPD, wenn
sie nicht wie unter Bismarck, Hitler, Ulbricht verboten und
verfolgt war, die Rolle der Opposition, jedenfalls im Bund, zu-
fiel. Auch allzu viele SPD-Mitglieder kannten sich nur im Op-
position-Sein aus. Dass es gelang, die Partei dennoch auf die
Macht zu orientieren, ist das große Verdienst von Brandt, Wehner, Erler, Carlo Schmid und anderen Führern der Partei. Schumachers Nachfolger, Erich Ollenhauer, war nicht der Steuer-
mann, als das Schiff um 180 Grad gedreht werden musste; aber
es gehört für einen Parteivorsitzenden viel dazu, sich im Wi-
derstreit von Einsicht und von Ehrgeiz dafür zu entscheiden,

andere nicht zu hindern, Bessere vorzulassen. Dieser hochanständige, der SPD zutiefst verbundene Mann gehört zu den wenigen in der Politik, die ihre Grenzen kannten.

Am 24. August 1960 nominierte der SPD-Parteivorstand Willy Brandt zum Kanzlerkandidaten. Am 25. November bestätigte der SPD-Parteitag in Hannover diese Wahl. Zu diesem Zeitpunkt waren die wichtigsten personellen und politischen Voraussetzungen für die Bestallung des Berliner Bürgermeisters als Kanzlerkandidat der SPD erfüllt.

Erich Ollenhauer, zweimal SPD-Spitzenkandidat und erfolgloser Adenauer-Gegenspieler, hatte, nicht zuletzt unter dem Einfluss von Fritz Erler, seinerseits darauf verzichtet, nominiert zu werden. Anfang Juli 1959 erklärte er vor den Führungsgremien der Partei, dass er kein Regierungsamt mehr anstreben werde. Eingeweihten war dies schon seit dem Stuttgarter SPD-Parteitag 1958 klar. Anderen möglichen Aspiranten – im Gespräch waren vor allem Carlo Schmid, zeitweise aber auch der hessische Ministerpräsident Georg August Zinn sowie der Hamburger Bürgermeister Max Brauer – hatte Brandt die in der Berlin-Krise erworbene weltweite Publicity und Popularität voraus. Für ihn sprach auch sein Alter. Der Wahlsieg Kennedys 1960 in den USA, aber auch der große Wahlerfolg des jungen Hans-Jochen Vogel bei der Münchener Oberbürgermeisterwahl 1960 – Vogel gewann 64,3 Prozent der Wählerstimmen – erschienen den Sozialdemokraten als Zeichen eines Generationswechsels in der Politik. Weiter sprach für Brandt, dass er, im Unterschied zu Ollenhauer und zu Schmid, der Öffentlichkeit nicht als Oppositionspolitiker, sondern als Regierender und der Partei als Kritiker ihres bisherigen Oppositionskurses bekannt war. Schon früh hatte er die Sozialdemokraten aufgefordert, weg *vom Propagandistischen und überwiegend Polemischen, zum Konstruktiven* hinzukommen (1950), sich nach Bündnispartnern umzusehen (1952), endlich ein vernünftiges Verhältnis zu Staat und Militär zu finden (1954), nicht *Weltverbesserungsklub* zu sein, sondern eine politische Partei, *die die Geschicke eines Volkes, eines Staates gestalten will, die sich das zutraut, die das ausstrahlen lässt* (1958).[84]

Familie Brandt im Urlaub. Oslo, Sommer 1962

Doch bis 1958 hatte Brandt zwar für eine wachsende Minderheit, nicht aber für die Mehrheit sprechen können. Zwei Jahre später war die Minderheit zur Mehrheit in der SPD geworden – mehr durch eine «Revolution von oben» als von unten. Das neue Godesberger Programm, mit dem die SPD ihre Wandlung von der marxistischen Arbeiterpartei zur Volkspartei mehr einleitete, als dass dies Programm die Wandlung abschließend besiegelt hätte, war von den Delegierten eines außerordentlichen Parteitags im November 1959 verabschiedet worden. Die außenpolitische Wende vollzogen Herbert Wehner und die SPD-Bundestagsfraktion.

Unter Berufung auf Brandt und die außenpolitische Position der Berliner SPD erklärte Wehner in seiner denkwürdigen Rede am 30. Juni 1960 vor dem Deutschen Bundestag, dass es in der Außenpolitik eigentlich keine Auseinandersetzung zwischen Regierung und Opposition zu geben brauche, dass ein Miteinander möglich sei. Nachträglich akzeptierte die SPD die Westintegration und die Einbeziehung der Bundesrepublik in die NATO. Das Godesberger Programm beseitigte die innenpolitischen, die Wehner-Rede die außenpolitischen Differenzen zwischen Brandt und der Partei. Die SPD war auf Brandt zugekommen, nicht Brandt auf die Partei. Selbstbewusst erklärte er den Delegierten des Parteitags in Hannover: *Ich bin der Kandidat dieser Partei für ein Amt, dessen Inhaber die Richtlinien der Politik bestimmt und dem ganzen Parlament und damit dem Volke verantwortlich ist. Es ist vielleicht nicht populär, wenn ich hier erkläre, dass ich nicht einfach nur Willensvollstrecker der Partei sein kann, sondern dass ich nach ernsthafter Überlegung in eigener Verantwortung jene Entscheidungen werde treffen müssen, die im Interesse unseres Volkes erforderlich sind. Aber ich weiß, dass die sozialdemokratische Partei, deren Vertrauen ich habe, mir die Freiheit der Entscheidung gewähren wird, die dieses Amt nach dem Grundgesetz braucht.*

Eine solche Haltung hatte auch der norwegische Ministerpräsident Johann Nygaardsvold 1935 eingenommen. Der neue Kandidat hatte schon in der Emigration erlebt, wie eine linkssozialistische Oppositionspartei zu einer sozialdemokratischen Regierungspartei umgewandelt worden war – auch dies erwies sich jetzt als Vorsprung.

Mit Brandt gewannen einige seiner Berliner Mitarbeiter beträchtlichen, aber nicht unumstrittenen Einfluss auf den Wahlkampf in der Bundesrepublik. Schon im Sommer 1959 hatte Brandt die Hoffnung ausgesprochen, dass der rundherum *moderne Wahlkampf* 1958 in Berlin bei der Bundes-SPD gebührende Beachtung finde. «Moderner Wahlkampf» hieß hauptsächlich Wahlkampf à la USA. Klaus Schütz, der schon zur Vorbereitung des Berliner Wahlkampfs in den USA gewesen war, beobachtete 1960 den Wahlkampf John F. Kennedys gegen Richard Nixon. Er versuchte unter dem Motto «Weg von der Partei – hin zur Person» amerikanische Erfahrungen auf Westdeutschland zu übertragen – beargwöhnt von Bonner Spitzenfunktionären seiner eigenen Partei[85] «Brandt kann kommen, aber seine Clique soll er in Berlin lassen», war die Meinung Erlers.[86] Als Brandts Wahlkampfmanager bekam Schütz unter einzelnen Parteiführern vorhandene Ressentiments gegen «die

Berliner Clique» stärker als andere zu spüren. Aber da sein amerikanisches Rezept in Berlin erfolgreich angewendet worden war, konnten und wollten es auch die Bonner nicht verwerfen.

Zum «neuen Stil» gehörten moderne Formen der Werbung, neuartige Plakate, die Einrichtung einer Planungsgruppe beim SPD-Parteivorstand, die mit Meinungsforschungsinstituten, mit Wissenschaftlern und Schriftstellern zusammenarbeitete, und zum «neuen Stil» gehörte das aus den USA übernommene «canvassing» – heute längst die übliche Wahlkampfform aller Spitzenkandidaten. Brandt praktizierte sie erstmals in der Bundesrepublik auf einer so genannten Deutschland-Fahrt, um sich von morgens bis abends, von Ort zu Ort möglichst vielen Wählern vorzustellen – zum Beispiel in Meetings mit den Honoratioren einer Kleinstadt, bei Fabrikbesichtigungen, Einweihungen, Wahlversammlungen in der Mittagspause, nach einem Platzkonzert der Feuerwehr. Auch sehr viele SPD-Mitglieder lernten so den Kanzlerkandidaten kennen.

Ähnlich wie amerikanische Präsidentschaftskandidaten zog nun Brandt durchs Land, ließ sich Hände schüttelnd als «deutscher Kennedy» verkaufen und erhob Anspruch, der Kandidat aller Jungen und Junggebliebenen, Modernen und Modern-sein-Wollenden, der *Kandidat des ganzen Volkes* zu sein. Das Programm der SPD? Die Persönlichkeit des Kanzlerkandidaten! Wer genauer wissen wollte, was für eine Partei hinter diesem Kanzlerkandidaten stehe, erfuhr durch Brandt[87], wie er sie sah, genauer: wie er sich die Sozialdemokratie in diesen Jahren wünschte: v*erantwortungsbewusst, solide, aufgeschlossen,*

Buchpublikation Willy Brandts, 1964

geduldig, tolerant. Ihre *Waffe heißt Sachlichkeit, Sachlichkeit und nochmals Sachlichkeit.* Sie wendet sich an alle *gutwilligen und freiheitsliebenden Kräfte.* Die SPD war auch – zumindest war sie auf dem Weg dahin – *positiv* und *optimistisch, vorausschauend* und *effektiv,* ja *expansiv, dynamisch* – mit einem Wort: *modern.*

Und was erstrebte sie? *Gemeinsamkeit!* Es gibt keine Vokabel, die Brandt in den Wahlkämpfen 1961 und 1965 häufiger gebrauchte. *Gemeinschaftsaufgaben* – das war die innenpolitische Zauberformel dieser Jahre. Gemeinsam mit allen Demokraten wollte die SPD für gleiche Bildungschancen, die Reinhaltung von Luft und Wasser, menschenwürdige Städte, eine bessere Gesundheitsfürsorge und Altenpflege und für eine gerechte Eigentumsbildung sorgen. Doch eine Umfrage ergab, dass nur sehr wenige genau zu sagen wussten, was unter Gemeinschaftsaufgaben eigentlich verstanden werden sollte.[88] Unverdrossen forderte der Kanzlerkandidat *mehr Gemeinsamkeit in den Lebensfragen unseres Volkes, Dienst an der gemeinsamen Sache, Sinn für die gemeinsame Verantwortung.* Wer die Hoffnung hegte, es werde in Deutschland auch mal wieder opponiert, musste sich belehren lassen: *Die Frage der Gemeinsamkeit wird nicht mehr von der Tagesordnung der deutschen Politik verschwinden.* Denn: *Wir sind alle e i n e Familie* oder – da sich zu viele weigerten, dies Oblatenbild zu kaufen – *Wir Deutsche sind trotz allem eine Schicksalsgemeinschaft.*

Das Fixiertsein auf eine doppelte Gemeinsamkeit – nämlich mit allen Bevölkerungsschichten und mit den Parteien, die die Macht besaßen – verführte den Kanzlerkandidaten zu Gemeinplätzen, wie sie zwar in Wahlkämpfen auf allen Seiten üblich sind, aber in einer hochpolitischen Zeit die Wahlkämpfe der SPD so unpolitisch machten.

Unser Weg hat keine Schlaglöcher. Er ist breit und gut ausgeleuchtet. Auf ihm lässt es sich zügig fahren. Diesen Weg werden wir fahren. Ohne selbstmörderische Raserei. So unfallsicher, wie es der Respekt vor unserem Volk gebietet. Aber mit dem Tempo, das unserer Zeit angemessen ist – so viel Unverbindlichkeit widersprach dem Anspruch, *dem Volk* zu *sagen, wo es steht, woher es kommt, wohin es geht.*

In den USA, Mai 1964, mit Justizminister Robert F. Kennedy. Dahinter: Klaus Schütz und Egon Bahr

Oppositionsbedenken klangen noch am ehesten da an, wo das Prinzip der Gemeinsamkeit besonders unterstrichen wurde: in der Außenpolitik. Bonn, so warnte Brandt, werde *von manchen in der Welt als der Störenfried und Neinsager Europas* angesehen, es müsse sich entschließen, aus der Erstarrung des Kalten Kriegs herauszukommen, endlich eigene, konstruktive Vorschläge für die Deutschland-Politik zu unterbreiten. Der spätere Außenminister kündigte sich an. Und wer genau hinzuhören verstand, hörte in den Reden des neuen Kanzlerkandidaten der Sozialdemokratischen Partei im Wahlkampfwust des Undeutlichen und Unverbindlichen auch die politische Moral des späteren Bundeskanzlers. *Vermenschlichung des Lebens* stand 1962 für Lebensqualität, *Mitverantwortung für den Mitmenschen* für das spätere compassion: *Was uns Not tut, [...] das ist ein Klima, in dem die Gedankenlosigkeit gegenüber dem Mitmenschen verpönt ist. Jeder hat eine Mitverantwortung für das, was um ihn herum vorgeht* (1964).

Die Wahlkämpfe von 1961 und 1965 charakterisierte ein makabrer Gegensatz – der Gegensatz zwischen Brandts Aufruf zur Versöhnung und dem Aufruf seiner Gegner zur Verleumdung Brandts. Alte und neue Rechtsradikale, Kommunisten und christliche Politiker beteiligten sich an dem Versuch, den sozialdemokratischen Kanzlerkandidaten anhand seiner Vergangenheit moralisch und politisch zu erledigen. Christliche Politiker hielten dem Hitler-Gegner vor, aus Deutschland geflüchtet zu sein, und beschimpften den von Hitler Ausgebürgerten, weil er norwegischer Staatsbürger gewesen war. Franz Josef Strauß, CSU: Man wird «doch noch fragen dürfen: Was haben Sie in den zwölf Jahren draußen gemacht ...» Kai-Uwe von Hassel, CDU: «Ich verleugne nicht meine Volks- und Staatsangehörigkeit persönlicher oder sonstiger Vorteile wegen. Ich kann diese Schicksalsgemeinschaft nicht verlassen, wenn es mir persönlich gefährlich erscheint, und ihr wieder beitreten, wenn das Risiko vorüber ist.»

Diese Demagogie machte damals Eindruck auf die Wähler. 40 Prozent äußerten bei Umfragen 1961 Bedenken, wenn ein Emigrant Mitglied der Bundesregierung würde.[89] *Eine neue Generation wird viele Anlässe sehen, sich darüber zu wundern, welches Maß in diesen Jahren angelegt worden ist* (Brandt 1966).[90]

Christliche Politiker versuchten, aus der nicht ehelichen Geburt Brandts und aus seinem Namenswechsel Kapital zu schlagen. Richard Jaeger (CSU) verglich Brandt mit Hitler: «Wenn es ihn, wie weiland Adolf Hitler, dessen Familienname eigentlich Schicklgruber war, danach gelüstet, unter einem fremden Namen in die Weltgeschichte einzugehen, so ist dies das Geringste, was uns an seinem Vorhaben stören könnte.» Konrad Adenauer äußerte zwei Tage nach dem Mauerbau auf einer Kundgebung in Regensburg: «Wenn einer mit der größten Rücksicht behandelt worden ist von seinen politischen Gegnern, dann ist das der Herr Brandt alias Frahm.» *Inmitten all dieser Verunglimpfungen lud er mich in sein Büro. […] Ich begann sofort: «Herr Bundeskanzler, finden Sie es vernünftig, eine Wahlkampagne auf diese Art zu führen?» Und er entgegnete: «Herr Regierender Bürgermeister, ich weiß wirklich nicht, wovon Sie sprechen. Denken Sie, ich hätte etwas gegen Sie persönlich? Nichts dergleichen […].»* [91]

Wahlhelfer der CDU/CSU behaupteten landab, landauf, Brandt habe als Publizist in Skandinavien gegen Deutschland und das deutsche Volk gewirkt, so in seinem Buch *Forbrytere og andre tyskere* (*Verbrecher und andere Deutsche*), das sich in Wirklichkeit gegen die These von der deutschen Kollektivschuld wendet, so in seinem Buch *Guerillakriget* (*Der Guerillakrieg*), das eine «Anleitung zum Meuchelmord an Hunderttausenden von deutschen Soldaten» sei. [92] Zwar ergingen gegen die Verfasser solcher Unwahrheiten immer wieder Einstweilige Verfügungen und Gerichtsurteile, aber die Autoren konnten sicher sein, beim Wähler werde etwas haften bleiben. Auf Plakaten im Wahlkampf 1965 stand: «Wir werden nicht für Verräter unseres Vaterlandes stimmen.»

Konrad Adenauer über Willy Brandt

«Wenn er sich vorstelle, dass Brandt als Kanzlerkandidat der SPD in Frage komme […] und dass Brandt jedenfalls Mitglied der norwegischen Armee gewesen ist, und man fände nichts daran, dann müsse er schon sagen, dass er erschüttert sei über den Mangel an National- und Selbstgefühl des deutschen Volkes.»

Protokoll der Sitzung des engeren Parteivorstands der CDU vom 6. Juli 1960

Brandt im Jahr darauf: *Ich habe mich oft gefragt: Musst du nicht Verständnis für diejenigen aufbringen, die es offensichtlich so schwer haben, dich zu begreifen, obwohl sie nicht gerade sanft mit dir umgehen? Vielleicht fällt mir das seit dem September 1965, den ich als eine gewisse Zäsur empfinde, leichter. Denn die Haltung, auf die ich damals stieß, zeigte mir, dass es meinen Gegnern, die einen Ge-*

*wohnheitsanspruch auf politische Macht erheben, nicht allein darum
ging, mich als Alternative auszuschalten. Es ging auch darum, dass
mein Lebensweg von dem der meisten meiner Landsleute so sehr ab-
weicht.*[93]

Ein solches Ausmaß an Verleumdung wie in dieser Anti-
Brandt-Kampagne hatte es in der Bundesrepublik noch nicht
gegeben. Brandt, der sich durch die Schmutzkampagnen persönlich sehr getroffen fühlte, brachte dennoch nichts davon
ab, *der wirklichen Aussöhnung in unserem Volk das Wort zu reden*[94]. Die SPD setzte ihr Werben hauptsächlich um die Christdemokraten dennoch fort. Im September 1961 zum Beispiel
forderte Brandt eine Allparteienregierung, da angesichts des
Mauerbaus ein nationaler Notstand vorhanden sei. Im Bundestag verhielt sich die SPD von Ende 1961 bis zum Beginn der
«Spiegel»-Krise im November 1962, «als ob sie bereits Mitglied einer Allparteienregierung sei» (Theo Pirker). 1963
scheute die Führung nicht davor zurück, anlässlich des hundertjährigen SPD-Jubiläums die Parteigeschichte auf den neu-
en Kurs zu trimmen. Karl Marx? Wer war das gleich? Revolution? Was war das eigentlich? Anstelle der Parteifarbe Rot war
Orange getreten; die SPD hatte «lediglich», wie Klaus Schütz
das nannte, «der Farbe wieder jene Rolle zugewiesen, die ihr
in der Gebrauchsgraphik zukommt». Anstelle von «Genossen» trat «Verehrte Anwesende» und «Liebe Freunde», anstelle des brüderlichen Du das Sie. Die verleumdete Partei übte
sich in Selbstverleugnung. 1964 nominierte sie zu den Bundes-
präsidentenwahlen erstmals keinen eigenen Kandidaten. Als
Brandt den SPD-Wahlmännern vorschlug, den bisherigen Präsidenten Heinrich Lübke (CDU) nicht nur mit zu wählen, wozu sie sich bereit erklärten, sondern auch mit zu nominieren,
weigerten sie sich.

Die Sozialdemokratie bewies, dass sie «deutscher» als alle
anderen Parteien war. Erst hatte sie die Opposition weit über-
zogen, jetzt übertrieb sie gründlich die Gemeinsamkeit. Nicht
dass sie Ballast abwarf, überholte Positionen korrigierte, konnte ihr verübelt werden, sondern w i e sie das betrieb. Es gelang
ihr vorübergehend nicht, auch im Wandel Kontinuität und

eigenen Stil zu wahren. Das bereitete ihr im Wahlkampf 1965 ganz besondere Schwierigkeiten.

Zu Beginn der sechziger Jahre hatte die Alternative Adenauer oder Brandt gelautet, jetzt hieß sie Erhard oder Brandt. Der Wähler von 1961 hätte den Wahlkampf nicht einmal zu verfolgen brauchen, der Unterschied zwischen den beiden Hauptfiguren – dem fünfundachtzigjährigen Kanzler und dem fast halb so alten Kanzlerkandidaten – lag zu sehr auf der Hand. Der Name Adenauer stand für eine Ära, die zu Ende ging. Aber bei Ludwig Erhard, dem «Vater des Wirtschaftswunders und der Marktwirtschaft», der im Oktober 1963 die Nachfolge Adenauers angetreten hatte, sah alles wieder anders aus. Erhard, wie Brandt aus eigener Kraft emporgekommen, verkörperte durch Werdegang und Habitus bundesdeutschen Wohlstand. Als Außenseiter in die Politik gekommen, war er auch mit der CDU nicht einfach gleichzusetzen. Wenn einer überzeugend von sich sagen konnte, er wolle «der Kandidat des ganzen Volkes» sein, so war es der von Adenauer unerwünschte Nachfol-

Willy Brandt und Ludwig Erhard

ger im Bundeskanzleramt, der «Volkskanzler», wie man ihn nannte. Der Wähler hörte aus den Reden der beiden Spitzenkandidaten hauptsächlich heraus, dass beide eigentlich das Gleiche wollten; warum sollten sie «den anderen» wählen? Im Mai 1963 sprachen sich 60 Prozent der SPD-Anhänger für Erhard als Bundeskanzler aus, nur 5 Prozent waren gegen ihn.[95]

Brandt «zog» in diesem Wahlkampf weniger als 1961. Damals hatte der Kanzlerkandidat in höherem Ansehen gestanden als die SPD, jetzt war es umgekehrt. Woran das lag, war schwer zu fassen. Der Hauptgrund war wohl die große Popularität des neuen Kanzlers; die Überschätzung Erhards wirkte sich als Unterschätzung Brandts aus. Da man glaubte, wieder einen guten Mann in Bonn zu haben, warum sollte man sich für einen Kanzleranwärter engagieren, der eine so «undurchsichtige Vergangenheit» besaß? Die Anti-Brandt-Kampagne wirkte unter diesen Umständen auch auf solche Bürger, die sie eigentlich missbilligten.

Und: Brandt «zog» nicht mehr wie früher, weil Berlin weniger «zog». In den Wochen des Mauerbaus, in den Tagen nach dem 13. August, als Adenauer zögerte, sofort nach Berlin zu reisen, hatten sich viele Bundesbürger in einer Solidaritätsaufwallung zu Berlin und seinem «Regierenden» bekannt. Jetzt, im Alltag, assoziierten die Wohlstandsbürger Unruhe, Gefahr, Geldreinstecken, Störung ihres guten Lebens, wenn von Berlin die Rede war. Die Entfernung zwischen Bonn und Berlin war größer geworden.[96]

Auch die Presse war im Wahlkampf 1965 weniger Brandtfreundlich als zu Beginn der sechziger Jahre. 1960 und 1961 war Brandt selbst für «Bild» der Star gewesen. 1964 schrieb die Massenzeitung, der «eigentliche» Star und künftige Mann der SPD sei der Vorsitzende der SPD-Bundestagsfraktion Fritz Erler, der zur Mannschaft Brandts[97] gehörte und bei vielen Wählern hohes Ansehen genoss.

Trotz allem rechneten die Sozialdemokraten im Herbst 1965 mit einem großen Wahlerfolg. Brandt sprach in Bochum von dem *aussichtsreichsten Wahlkampf* in der SPD-Geschichte. *Der Sieg ist zum Greifen nahe*, meinte er in Dortmund. Das war

Wahlkampf 1965: Plakate an einem alten Haus in Siegburg bei Bonn

im August Am 17. September, zwei Tage vor dem Wahltag, erklärte er, SPD und CDU seien zum ersten Mal *in ein Kopf-an-Kopf-Rennen gegangen.* Dieser Meinung war auch die Partei; sie glaubte ab 19. September 1965 werde zumindest niemand ohne sie in Bonn regieren können. Sie verschätzte sich um gut ein Jahr.

Wer wollte, konnte das Wahlergebnis vom 19. September als Erfolg für die SPD bezeichnen. 1961 hatte sie ihren Stimmenanteil im Vergleich zu 1957 von 31,8 auf 36,2 Prozent verbessert und jetzt mit 39,3 Prozent das beste Wahlergebnis seit Bestehen der Bundesrepublik erreicht. Doch auch die CDU hatte sich von 45,4 auf 47,6 Prozent steigern können. Gemessen an ihren hoch gesteckten Erwartungen war das Ergebnis für die SPD enttäuschend.

Am Mittwoch nach der Wahl trat der SPD-Parteivorstand zusammen. Überraschend für die meisten gab dort Brandt bekannt, er wolle zwar den Parteivorsitz behalten, den er nach dem Tod Ollenhauers 1964 übernommen hatte, aber nicht zugleich die Opposition im Bundestag führen. (Erler hätte sich allerdings auch sehr gesträubt, den Fraktionsvorsitz abzugeben.) Außerdem sei er für 1969 *kein Anwärter auf das Amt des Bundeskanzlers*[98]. «Ich hatte den Eindruck, für ihn war die Bundespolitik erledigt, und er wollte seine Aufgaben als Regierender Bürgermeister von Berlin weitermachen – aber ohne jede weitere Bundesambition» (Egon Bahr).

Brandts Vertraute in Berlin bejahten die Entscheidung. Bahr hatte Brandt 1960 abgeraten, sich für die Kanzlerkandidatur zu interessieren, da er gefürchtet hatte, dessen Prestige werde sich in einem aussichtslosen Wahlkampf gegen Adenauer nur verringern. Schütz war immer gegen eine Übersiedlung Brandts nach Bonn gewesen, weil er meinte, die Machtposition des Regierenden Bürgermeisters sei unerlässlich für weiteren Erfolg.[99]

Unter den sozialdemokratischen Parteiführern in Bonn dagegen stieß Brandts Entscheidung, in Berlin zu bleiben, auf zum Teil heftige Kritik. Insbesondere Herbert Wehner erhob schwere Vorwürfe gegen den Parteivorsitzenden. Das Verhältnis zwischen den beiden Männern mit so unterschiedlichen Charakteren war nie sehr gut gewesen; jetzt bekam es seinen ersten schweren Knacks. Was Wehner, behindert durch Parteiräson, öffentlich nicht sagte, aber sicher dachte, schrieb sein damaliger Gesprächspartner Günter Gaus: «Willy Brandt hätte nach dem Wahlausgang des 19. September entweder auch seinen Rücktritt vom Parteivorsitz [...] ankündigen oder aber er hätte nach Bonn gehen müssen.» Welche «romantischen Vorstellungen» der Regierende Bürgermeister auch hegen möge, von Berlin aus könne er die SPD nicht führen. «Willy Brandt muss nach Bonn [...], oder er muss seinen Platz ganz räumen.»[100]

Brandts Verzicht erlaubte Wehner, den Posten «Kanzlerkandidat» wieder abzuschaffen. Er stellte fest, dass das auf amerikanische Präsidentenwahlen zugeschnittene Wahlkampfmuster nicht auf deutsche Verhältnisse übertragen werden könne.[101] Für den nächsten Wahlkampf sei es wichtig, nicht nur mit einer Person zu wirken, sondern mit solchen Politikern, die sich in den Jahren bis zur Wahl im Parlament hervortun und in Part und Widerpart mit der Regierung dieser bekannt und von dieser auch geschätzt würden.[102] Solche Bedingungen, aus denen deutlich Wehners Hinarbeiten auf die Große Koalition sprach, konnte der Berliner Bürgermeister kaum erfüllen.

1965 und 1966 meinten viele, mit dem «Absteiger» Brandt sei in Bonn nicht mehr zu rechnen. Walter Henkels formulierte: «1. Vorsitzender der Sozialdemokratischen Partei [...] wird er einstweilen [...] bleiben, und insofern kann er noch zu den ‹Bonner Köpfen› gezählt werden. Kanzlerkandidat der SPD wird er nicht mehr werden.»[103]

War eine «Blitzkarriere» blitzartig beendet worden?

Von einer Blitzkarriere kann keine Rede sein. Seit Beendigung der Schulzeit bestand Brandts Leben hauptsächlich aus Politik. Er ließ kaum eine Chance vorübergehen, seinen Einfluss zu vergrößern, es in der Politik zu etwas zu bringen. Der Machtkampf mit Franz Neumann zeigte, dass er, wenn nötig, auch gegen innerparteiliche Rivalen kämpfte und Niederlagen einzustecken wusste. Aber zu Brandts Charakter gehörten Ehrgeiz und zugleich Empfindlichkeit. Das wurde schon früh recht deutlich. Walcher war betroffen, wie schwer der junge Freund die vergebliche Kandidatur für die SAP-Auslandsleitung in Paris nahm. Delegierte des Münchener SPD-Parteitags

1956 erblickten auf einer Dampferfahrt abseits sitzend einen in sich versunkenen Brandt, der zum zweiten Mal bei den Vorstandswahlen unterlegen war und darüber weinte. Der Münchener Misserfolg mag das Selbstbewusstsein nicht sonderlich beschädigt haben. Brandt konnte sich damals schließlich sagen, dass er für das, was er für richtig hielt, nicht honoriert worden war. 1965 war das anders. *Wer nur auf Popularität aus ist, wird Vertrauen einbüßen*[104] – der Satz von 1960 mochte nun gegen den Urheber gewendet werden. Der Hang zur Selbstkritik, zum Hadern mit sich selbst, war schon lange da, aber die Berechtigung war 1965 größer, allein schon deshalb, weil der Einsatz nie so groß gewesen war.

Der Tenor der Wahlkämpfe, das Werben um Gemeinsamkeit, um nicht zu sagen um mehr Harmonie, hatte zwar Brandts Eigenart, seinem politischen Stil entsprochen; denn seine Stärke war schon damals zu integrieren, möglichst zu versöhnen, jedoch nicht, vorhandene Gegensätze aufzuspüren und wo nötig zu vertiefen; seine Schwäche war schon damals, wo dieses nicht gelingt, dazu zu neigen, Gegensätze zu verkleistern. Aber in der Anstrengung für den Erfolg, in der Faszination für eine problematische Neuentdeckung, dass nämlich vieles «machbar» sei in der Politik, wenn man nur die richtigen Methoden kenne, waren ihm Selbsterkenntnis und später hoch entwickelter Sinn für Kontinuität in der Politik vorübergehend verloren gegangen. Jetzt zeigte sich, dass politischer Erfolg nicht machbar war und die Rollenvorstellung der Public-Relations-Leute von einem Kanzlerkandidaten nicht stimmte. Der angebliche Preis für den Erfolg – das Rollenspiel des «deutschen Kennedy» und auch des legitimen Adenauer-Erben, von jugendlichem Held und distanziertem Elder Statesman gleichermaßen – erwies sich in der Selbstbesinnung als zu hoch.

Auch die Depression, die auf den 19. September folgte, war nicht etwas, was Brandts Vertrauten überraschend kam. Schütz erinnert sich: «Wir nannten das immer, er kriegt seine Grippe. Dann zog er sich für eine Woche zurück nach Hause, sprach mit niemand, legte sich ins Bett, schlief oder schlief nicht, das weiß ich nicht, aber es war eine Zeit, in der man ihn

Adenauer und Brandt

nicht ansprechen konnte. Dann kam er wieder. Er war wieder da.»

Alkohol als Betäubung der Melancholie, langes Schweigen, Grübeln, Anzeichen von Klaustrophobie, Nachsinnen über die Vergänglichkeit des Lebens, einen frühen Tod – Brandts engste Mitarbeiter kannten das aus den vorangegangenen Jahren. 1965 kamen zusammen: *[...] die wirklich deprimierende Art und Weise, in der der Wahlkampf geführt* worden war[105]: der Zweifel, *ob ich der richtige Mann für die Führungsrolle in einem Wahlkampf sei* oder gar *eine Belastung* für die SPD; die sensible Beklemmung des Fünfzigjährigen, der privat wie auch politisch das «eigentliche Leben» hinter sich zu haben glaubt, dem es schwer fällt, sich mit dem Alter abzufinden, der sich fragt, «Wozu das alles?» und «Was es eigentlich noch soll?».

Das Jahr 1965 war für mich eine Zäsur – und die war sehr heilsam. Und seitdem waren die Entscheidungen, die ich zu treffen hatte, einfacher, weil sie nicht mehr davon handelten – auch nicht gemessen an dem, was andere von mir erwarteten –, ob man etwas wird, sondern davon, ob man etwas will.[106]

Die Krise von 1965 verlängert sich durch einen Anfall am 23. Oktober 1966, ausgelöst durch einen Hustenreiz, der in Erstickungszustände, Herzbeklemmung, Ohnmacht übergeht. Brandt glaubt, sterben zu müssen.[107] Dies verstärkt die Überzeugung, die eigene Lebensleistung schon erfüllt zu haben.[108] Vier Tage später, am 27. Oktober 1966, verlassen die FDP-Minister das Bundeskabinett. In Bonn beginnt die Krise der Regierung Erhard.

Der Außenminister
(1966 – 69)

*S*elten kann man etwas leisten ohne Vorgänger. Man muss dafür auch danken können – der Satz steht in einer Rede Willy Brandts, die er im Dezember 1971, nach der Verleihung des Friedensnobelpreises, in der Universität von Oslo hielt. Als Vorgänger, als Vorbild des Parteivorsitzenden Brandt vermag man sich nur Bebel vorzustellen. Wer aber könnte als Vorgänger, womöglich als Vorbild des ersten sozialdemokratischen Außenministers seit 1945 gelten? Von seinen unmittelbaren christdemokratischen Amtsvorgängern Adenauer, Brentano, Schröder trennten ihn Herkunft, Lebensweg und Überzeugung. Auf seine beiden Parteifreunde, die knapp ein halbes Jahrhundert vor ihm Verantwortung für die Außenpolitik in Deutschland trugen, auf Hermann Müller und Adolf Köster, hat Brandt sich nie berufen. Sein Dank in Oslo galt vornehmlich Gustav Stresemann, der 1926 für seine deutsch-französische Verständigungspolitik mit dem Friedensnobelpreis ausgezeichnet worden war.

Es war Stresemann, der fünf Jahre nach dem Waffenstillstand (1918) die Einsicht vertrat und gegen Widerstände drinnen und draußen durchsetzte, dass das Beharren auf längst unterhöhlten Standpunkten unfruchtbar bleiben musste. Er war der Meinung, dass erst eine Sicherheit des Vertrauens wiederhergestellt werden müsse, ehe sich die Dinge zum Besseren wenden könnten.

Gustav Stresemann und vor ihm Walther Rathenau haben unter anderen Zeitumständen als Brandt deutsche Außenpolitik betrieben; sie unterscheiden sich von ihm in vielem. Aber ihr Engagement für Verständigung und Frieden machte diese beiden Politiker zu jenen Vorgängern im Außenministerium, denen sich Brandt verbunden fühlte. Die Reden auf Stresemann und Rathenau gehören zu den eindrucksvollsten seiner Amtszeit.[109]

Als Brandt am 6. Dezember 1966 die auswärtigen Geschäfte von Gerhard Schröder übernimmt, versichert er scherzhaft seinen neuen Mitarbeitern: *Meine – wie soll ich sagen – durch revolutionäre Ungeduld geprägten Jahre liegen lange hinter mir.* Unmittelbar hinter ihm liegt eine Lebenswende. In der vorangegangenen, durch politische Niederlage und das Älterwerden ausgelösten Krise fügte sich zusammen, was bis dahin, zumindest in bestimmten Lebensphasen, als Gegensatz oder doch als schwer vereinbar empfunden worden war: Ich- und Sachbezogenheit; Pragmatismus und Gesinnung; jahrzehntelange Außenseiter-Erfahrung und Verständnis für die Mehrheit; Patriotismus und übernationales Denken. Die Übernahme des Auswärtigen Amtes erfolgt zu einem Zeitpunkt, in dem sich erst auf Umwegen erworbenes staatsmännisches Format beweisen kann.

Einen Umweg, der in einen Irrweg führen könnte, sieht eine große Anzahl von SPD-Mitgliedern in der Voraussetzung des Amtsantritts: im Bündnis mit den Unionsparteien.

«Wissen Sie, den Mann werden wir noch ohne Hosen sehen» – derart drastisch hatte Herbert Wehner bereits im Win-

Herbert Wehner
1927 wurde der einundzwanzigjährige Dresdner Mitglied der KPD und bald darauf hauptamtlicher Funktionär. Nach 1933 arbeitete er illegal und als KPD-Politbüromitglied im westeuropäischen und sowjetischen Exil. 1942 wurde er in Stockholm verhaftet. Wehner brach mit der KPD, kehrte 1946 nach Deutschland zurück und schloss sich der Sozialdemokratie an. Ab 1949 gehörte er dem Deutschen Bundestag an und war außerdem von 1958 bis 1973 stellvertretender Parteivorsitzender der SPD. Er gilt als Architekt der Großen Koalition und wurde dort 1966 Minister für Gesamtdeutsche Fragen. Von 1969 bis 1983 SPD-Fraktionsvorsitzender im Bundestag. Wie Adenauer und Strauß zählte Wehner zum «politischen Urgestein» der Nachkriegspolitik. Er starb 1990 in Bonn-Bad Godesberg.

ter 1965 das Scheitern Ludwig Erhards prophezeit. Ein halbes Jahr später, im Sommer 1966, konstatierte Brandt: *Die anderen können nicht mehr, wir können noch nicht – das ist die gegenwärtige Lage.*[110] Und wiederum sechs Monate darauf war Erhard nicht mehr Bundeskanzler, Brandt dagegen Vizekanzler; die Zeit der Großen Koalition begann.

Die sozialdemokratische Führungsspitze war auf dieses Bündnis seit Beginn der sechziger Jahre zugesteuert, vor allem Herbert Wehner.[III] Doch erst Ludwig Erhards erzwungener Rücktritt im November 1966 – eine Folge der wirtschaftlichen Rezession, seiner innen- und außenpolitischen Misserfolge seit dem Sommer 1966, des Austritts der vier FDP-Minister aus dem Kabinett und des Vertrauensentzugs durch die CDU/CSU-Fraktion – machte der SPD den Weg in die Regierung frei.

Am 10. November 1966 nominiert die CDU/CSU-Fraktion den baden-württembergischen Ministerpräsidenten Kurt Georg Kiesinger als ihren neuen Kanzlerkandidaten, am 15. November setzen sich die Verhandlungskommissionen von CDU/CSU und SPD zusammen. Hauptsächlich Wehner und Schmidt bringen die Große Koalition zustande. Beide Männer sind sich einig, ein geschlossenes Votum der Freien Demokraten für ein Bündnis mit der SPD passe noch nicht in deren Selbstverständnis, es reiche auch quantitativ nicht zum Regieren aus. Zudem offenbaren Verhandlungsposition und Verhalten der FDP-Führer in diesen Wochen, dass weitgehende Übereinstimmung in der Wirtschafts- und Finanzpolitik nicht zu erreichen ist.[112] Es bleibt, um an die Macht zu kommen, nur das Bündnis mit den Unionsparteien.

Brandt, der als Chef einer früheren SPD/CDU-Koalition in West-Berlin die meiste praktische Erfahrung im Zusammenwirken mit der CDU hat, bleibt zunächst

Helmut Schmidt
1918 als Sohn eines Studienrats in Hamburg geboren. Er nahm am Zweiten Weltkrieg teil, wurde 1946 SPD-Mitglied und während seines Studiums Vorsitzender des Sozialistischen Deutschen Studentenbundes (SDS). Ab 1953 zunächst Mitglied des Bundestags, von 1961 bis 1965 Hamburger Innensenator. Danach kehrte Schmidt in den Bundestag zurück und blieb dessen Mitglied bis 1987. Von 1967 bis 1969 leitete er die SPD-Fraktion. In der Regierung Brandt wurde Schmidt zunächst Verteidigungsminister, später Wirtschafts- und Finanzminister. Von 1974 bis 1983 stand Helmut Schmidt als Nachfolger Brandts an der Spitze einer sozialliberalen Koalitionsregierung.

merkwürdig unbeteiligt an dem allen. «Die ersten Dinge liefen zwar nicht gegen ihn, aber sie liefen an ihm vorbei. Er war sehr skeptisch gegenüber der Großen Koalition» (Egon Bahr). «Er ist mit großen inneren Hemmungen und zuerst mit der

Letzte SPD-Fraktionssitzung vor der Bildung der Großen Koalition: Willy Brandt, Helmut Schmidt und Herbert Wehner, 30. November 1966

erklärten Absicht, in diese Regierung nicht selbst einzutreten, in die Verhandlungen gegangen» (Heinz Kühn). «Willy Brandt hat die Große Koalition eigentlich nicht gewollt. Er ist mehr gezogen worden» (Helmut Schmidt).[113]

Seit dem März 1963 regierte Brandt in Berlin erstmals mit der FDP, und zwar mit weitaus größerem Bewegungsspielraum als im vorangegangenen Bündnis mit der CDU. Hauptsächlich aufgrund dieser Erfahrung hätte er 1966, *wenn es möglich gewesen wäre*, lieber ein Bündnis mit der FDP gesehen, überzeugte sich jedoch, dass dies nicht möglich war.[114] Hinzu kam, dass er die Schwierigkeiten mit der eigenen Partei, die sich gegen das Bündnis mit den Unionsparteien sträubte, voraussah und ihn der Gedanke, in ein Kabinett einzutreten, das von einem früheren NSDAP-Mitglied geleitet werden würde, nicht gerade lockte.[115] Daher warf Brandt denn auch zunächst *die Frage auf, ob ich als Parteivorsitzender selber an der Regierung beteiligt sein müsse*[116]. Wehner und andere insistierten, gerade der Parteivorsitzende müsse Regierungsmitglied werden und natürlich Vizekanzler – auch um die Partei zu binden.

Als sich Brandt zum ersten Mal mit dem künftigen Kanzler Kiesinger zusammensetzt und dieser ihn nach seinen eigenen Plänen fragt, entgegnet Brandt, dass ihn das Forschungsministerium interessieren würde.[117] Dem lagen Überlegungen zugrunde, die bereits vor der Wahl von 1965 angestellt worden waren. Wenn das Ergebnis zu einer Großen Koalition führen würde, so hatten damals Brandt und seine Freunde sich gesagt, sollte der Parteivorsitzende ein Ministerium übernehmen, in dem sozialdemokratische Reformpolitik veranschaulicht werden könnte und das ihm Zeit ließe, sich um die Partei zu kümmern. Gedacht wurde an das Gesundheits- oder Forschungsministerium. Während der Verhandlungen 1966 erwog Brandt vorübergehend auch, Minister für Gesamtdeutsche Fragen zu werden, entschied sich jedoch schließlich, auch auf den Rat der SPD-Verhandlungskommission, für das Außenministerium.[118]

Wer von den Parteigängern der neuen Partner ein Kabinett der Konzilianten erwartet haben mochte, ein Kabinett der besonders Rücksichts- und für den Bundesgenossen sehr Verständnisvollen, der eher profillosen, die Gegensätze glättenden Politiker, hatte sich verrechnet. Das neue Kabinett präsentierte sich als Kabinett der Zumutungen, jedenfalls für die dahinter stehenden Parteien. Bei allem Werben um Gemeinsamkeit – in einem Punkt hatte die SPD ihre oppositionelle Haltung bis zum Wahltag 1965 durchgehalten: in ihrem Engagement gegen den CSU-Vorsitzenden Franz Josef Strauß. Brandt im November 1964: *Ein Zusammengehen mit Herrn Strauß steht nicht zur Debatte.*[119] Jetzt muss er ebenso mit dem Finanzminister Strauß zusammengehen wie mit dem Vertriebenenminister Kai-Uwe von Hassel, der durch schnöde Angriffe auf Brandt hervorgetreten war. CDU-Anhängern fällt es besonders schwer, einen Ex-Kommunisten wie Herbert Wehner, einen Ex-Christdemokraten wie Gustav Heinemann zu akzeptieren.[120]

Während des Regierens stellt sich dann heraus, dass die «Flügelmänner» besser miteinander auskommen als jene beiden Männer, die durch ihre unterschiedlichen Lebenswege die Breite dieses Bündnisses präsentieren und «die Aussöhnung der Deutschen mit sich selbst symbolisieren» sollen[121]: der

Kanzler und der Vizekanzler, das ehemalige NSDAP-Mitglied und der ehemalige Emigrant. Jeder von den beiden soll die Ehrenhaftigkeit des anderen gleichsam nachträglich verbürgen.[122] Bei dem einstigen Mitläufer der Nazis und jetzigen Kanzler hätte man vielleicht ein Gran politische Verlegenheit erwartet. Tatsächlich tritt Kiesinger dem Stellvertreter mit einem Gefühl des Überlegenseins entgegen, nach außen wohlwollend-freundlich, unter vier Augen in den eigenen Monolog verliebt, den Partner nicht so ernst nehmend, wie dieser es erwarten kann, und mit der Vorstellung aller Bonner Kanzler, von Außenpolitik mehr zu verstehen als der zuständige Minister. *Als Kiesinger Kanzler geworden war, hat er mal gesagt, er wäre eigentlich lieber Außenminister geworden.*[123] Gemeinsame Wellenlängen entdecken beide Männer nicht.

Von Anfang an ist die Große Koalition in den meinungsbildenden Bevölkerungsschichten, unter Intellektuellen wie auch unter vielen Journalisten, wenig populär. Man fürchtet den Zerfall der demokratischen Kontrolle und Kritik, die Abwertung des Parlaments. Brandt verteidigt: *Im Grundgesetz steht [...] nirgends geschrieben, dass die Opposition im Bundestag aus über 200 Abgeordneten zu bestehen habe und immer durch die SPD darzustellen sei.*[124]

Viele Sozialdemokraten befürchten, ihre Partei solle zwar gut genug sein, den von Erhard festgefahrenen Karren wieder flottzumachen, aber anschließend werde sie dafür einen Tritt bekommen. Brandt hält dem die Verantwortung für den Staat entgegen: *Dies war die Lage: Millionen Menschen in unserem Lande zitterten um ihren Arbeitsplatz. [...] Vom Sommer zum Herbst 1966 begann eine gewisse Radikalisierung um sich zu greifen. Die NPD zog in die Landtage von Hessen und Bayern ein.*[125] *Es gab schon 700 000 Arbeitslose. [...] Hätte man das treiben lassen, dann wären nicht nur die wirtschaftlichen, sondern auch die politischen Folgen bedrückend gewesen.*[126] Dass die drohende Wirtschaftskrise abgewendet, die Angst um den Arbeitsplatz überwunden und wieder *aktive, moderne Wirtschaftspolitik* unter dem SPD-Minister Schiller in der Bundesrepublik betrieben wurde, hielt Brandt für die bedeutendste Leistung der neuen Koalition.[127]

Für den Fotografen auf die Kiste:
Kurt Georg Kiesinger und Willy Brandt

Auch in der Außenpolitik saß der Regierungswagen fest; die Verbündeten waren Bonn davongefahren. Dem Argument sozialdemokratischer Koalitionsbefürworter, die überfällige Kurskorrektur der bundesdeutschen Außenpolitik bedürfe der Rückendeckung durch die CDU (schon allein in der Abwehr einer möglichen, durch die NPD geschürten nationalistischen Protestbewegung), mussten auch Skeptiker sich beugen.

Wer Sinn für Geschichte hat, wird ohnehin nicht leicht darüber hinwegsehen, was diese Art von Regierungsbildung bedeuten kann, und dass ein Mann meiner Überzeugungen der deutsche Minister des Auswärtigen geworden ist – angehängt an einen anderen Gedanken, eher beiläufig, drückt Brandt bei seinem Amtsantritt das historisch Bewegende an diesem Vorgang aus.[128] Es bedarf nicht großer Worte, Brandt braucht sich für dieses Amt nicht auszuweisen. Er kennt das Ausland, Denk- und Verhaltensweisen der Bewohner anderer Staaten. Er versteht und liest Spanisch sowie Italienisch, spricht perfekt Englisch, ziemlich gut Französisch, Norwegisch wie seine Muttersprache. Seit über dreißig Jahren ist ihm geläufig, in internationalen Zusammenhängen zu denken. Hinzu kommt das frühe und ausgeprägte Interesse für Geschichte. Brandt bringt Gespür, Sinn, Begabung für die Außenpolitik – und seine «Brigade» aus Berlin nach Bonn mit: Egon Bahr als «idealistisches», Klaus Schütz als «praktisches» Alter Ego.[129]

Brandt erweist sich vom ersten Tag an als ein besonders fleißiger Minister. Selten verlässt er das Ministerium vor 22 Uhr, meistens nimmt er noch Akten mit nach Hause. *Man braucht ein Jahr, um sich einzulesen. Dann hat man die Übersicht und den nötigen Abstand, und es kann eigentlich nichts mehr schief gehen. Ich komme mit der Geschichte ganz gut hin,* sagt er nach zwei Jahren.[130] Um diese Zeit hat er sich bereits, nicht zuletzt mit einer bedeutenden Rede auf der Konferenz der Nichtkernwaffenstaaten am 3. September 1968 in Genf, hohes internationales Ansehen als deutscher Außenminister erworben.

Bereits wenige Tage nach Übernahme seiner Amtsgeschäfte reist Brandt zur NATO-Ministerratstagung nach Paris. Hier wie anderswo im Ausland kommt ihm zugute, was ihm zu Hause oft geschadet hat: die Vergangenheit als Hitler-Flüchtling. Jetzt kann er helfen, *noch vorhandenes Misstrauen abzubauen, […] neue Freunde zu gewinnen*[131]. Man weiß unter den Verbündeten, dass der neue deutsche Außenminister seit langem ein überzeugter Europäer ist, der nach dem Versuch Hitlers, *Europa zu verdeutschen*, schon 1946 *Deutschland europäisieren* wollte.[132] Und man kennt den bisherigen Regierenden Bürgermeister als einen Mann, der eng mit den Westmächten in Berlin zusammengearbeitet hat.

Auf der Tagesordnung für Westeuropa steht als aktuelles Thema die Erweiterung der Europäischen Wirtschaftsgemeinschaft der Sechs durch den Beitritt Großbritanniens – ein Ziel, für das sich Brandt in den vorangegangenen Jahren immer wieder ausgesprochen hatte[133] und das bisher durch den Widerstand Frankreichs nicht erreicht worden war. *Weder die Sechs noch Großbritannien*, warnt Brandt, *können sich ein zweites Mal das Scheitern von Beitrittsverhandlungen erlauben.*[134] Am 10. Mai 1967 stellt die britische Labour-Regierung den formellen Antrag, in die Gemeinschaft aufgenommen zu werden. Wenige Tage später erklärt Staatspräsident de Gaulle, Großbritannien sei noch nicht reif für eine Mitgliedschaft. Die Bonner Regierung befindet sich in einer schwierigen Lage. Sie will den Beitritt Londons; doch gleichzeitig sind Kiesinger und Brandt bedacht, das unter Erhard und Schröder merklich abgekühlte Verhältnis zu Paris wieder zu erwärmen. Brandt unterbreitet immer wieder neue Vorschläge, um die Franzosen zum Einlenken zu bewegen, bemüht sich, behutsam zu vermitteln, muss sich «Schaukelpolitik» vorwerfen lassen – vergeblich. Der Beitritt Großbritanniens scheitert ein zweites Mal an den Franzosen. Erst während der Kanzlerschaft von Brandt, am 1. Januar 1973, vollziehen Großbritannien, Irland und Dänemark ihren Beitritt zur EG.

Brandts Verhältnis zu dem Labour-Premier Harold Wilson kommt über das Sachlich-Kollegiale nicht hinaus; für den konservativen Charles de Gaulle empfindet er Bewunderung, ist sich mit dem Präsidenten einig, dass Europa nicht am Rockzipfel der Amerikaner hängen sollte.[135]

Hier klingt etwas nach aus Brandts Europa-Konzept der ersten Nachkriegsjahre, als die gesamte europäische Linke sich außerordentlich skeptisch gegenüber den USA verhielt. Damals, 1949, hatte Brandt auf dem Landesparteitag der Berliner SPD erklärt, der Aufbau Europas sei zwar weitgehend von amerikanischer Unterstützung abhängig; *[...] die Europapolitik würde aber ihren Sinn verlieren, wenn sie nicht auch die politische und wirtschaftliche Unabhängigkeit gegenüber den USA anstrebte. [...] Nur so kann sich Europa zu einer dritten Kraft der internationalen Politik entwickeln. [...] Dazu bedarf es einer über den Marshall-Plan und den Atlantikpakt hinausreichenden Konzeption der europäischen sozialen Demokratie.*

In Berlin wich diese Haltung bald der Einsicht, im beginnenden Kalten Krieg auf das Bündnis mit den USA, auf deren Unterstützung angewiesen zu sein. Aber eine wenn auch andere Art von Skepsis bewahrte Brandt gegenüber allen drei Westmächten in Berlin, darin de Gaulle und seinem Denken in nationalen Kategorien verwandt. *Unser Vertrauen zu den Westmächten sollte nicht so weit gehen, dass wir glauben, dass sie für alle Eventualitäten der kommenden Jahre eine Politik betrieben, die genau dem entspricht, was unseren Interessen entspricht.*[136] Er beklagte ihre Versäumnisse und politische Passivität in entscheidenden Phasen, zum Beispiel in den Monaten nach Stalins Tod.[137] Bis zum 13. August 1961 betrat der Regierende Bürgermeister von Berlin nicht das Gebäude der Alliierten Kommandantur – eine de Gaulle'sche Attitüde.

Brandt hat selbst beschrieben, welchen Einfluss die Kursänderung der amerikanischen Außenpolitik Anfang der sechziger Jahre – der Übergang vom Kalten Krieg zur Koexistenz unter John F. Kennedy – auf sein Denken hatte. Wenn er damals den Mangel an Eigeninitiative in der Bonner Außenpolitik beklagte, stimmte er mit den Alliierten überein: *In deutschen Fragen können wir, unbeschadet der alliierten Verantwortlichkeiten, nicht von unseren Freunden erwarten, dass sie vorangehen und nicht nur für uns sprechen, sondern auch für uns denken. [...] Der volle Beitrag der Bundesrepublik kann für den Westen erst fruchtbar werden, wenn wir uns nicht vor eigenen Initiativen scheuen.*[138] Das war 1960. Im Wahlkampf 1965 klang die Forderung nach Eigeninitiative fast gaullistisch: *Wirtschaftlich nahezu ein Riese, verhält sich die Bundesrepublik Deutschland politisch wie ein Zwerg. Gewisse Eierschalen müssen weg. Wir kommen nicht durch als Musterschüler, der jeweils nickt, wenn der amerikanische Präsident sich räuspert oder*

Charles de Gaulle und Willy Brandt.
Paris, Januar 1967

der General in Paris hustet. Unser Volk ist mündig und hat seinen verantwortlichen Beitrag zur Erhaltung des Friedens zu leisten – als erwachsener Partner, als verlässlicher Verbündeter, als ein Land mit Selbstvertrauen und Stolz.[139]

Unabdingbare Voraussetzungen für Brandts Entspannungspolitik in Richtung Osten waren von Beginn an das westliche Bündnis, *die Sicherheit in der Allianz und die wirtschaftliche und politische Solidarität der Gemeinschaft* [140]. Zu ihren Perspektiven gehörte als eine der nationalen Komponenten, der Bundesrepublik die volle Partnerschaft im Bündnis, mehr Einfluss, mehr Bewegungsraum zu schaffen, die Abhängigkeit von den Großmächten zu verringern.[141]

Weder Brandt noch die anderen sozialdemokratischen Minister sind mit einem fertigen Konzept für die Ost- und Deutschland-Politik in die Große Koalition gekommen. Man wusste nur, dass es nicht weitergehen konnte wie bisher, dass in den vergangenen zwanzig Jahren in Europa *Tatsachen geschaffen worden* waren, *die sich nicht einfach aus der Welt diskutieren* ließen, dass man den Mut haben musste, *Wahrheiten zu sagen, auch wenn sie unbequem sind.* [142]

Zu solchen Einsichten, zu dieser Annäherung an die Realitäten hatten sich die Sozialdemokraten auf ihrem Dortmunder Parteitag im Juni 1966 durchgerungen. Das starke Engagement für die deutsche Einheit, ihr Werben um Vertriebenenstimmen, hatte die Partei bis dahin abgehalten, ostpolitische Alternativen zu entwickeln, und zurückhaltend bis argwöhnisch hatten die Bonner SPD-Führer in den Jahren vor dem Dortmunder Parteitag verfolgt, dass Brandt in Berlin offenbar ein zweites Mal außenpolitisch eigene Wege gehen wollte. Ähnlich vorsichtig wie in den fünfziger Jahren, als es um die Westpolitik gegangen war, hatte sich Brandt in der Ost- und Deutschland-Politik vorgetastet, zunächst versichernd, dass er *keine neue Politik* erstrebe, wiederum dazu tendierend, in seinen Reden neue Ideen eher zu verhüllen als sie klarzulegen und dem Beifall, der Unterstützungsangebote nun vom linken Flügel in der SPD eher abhold als zugetan.[143] Ähnlich wie in den fünfziger Jahren, als andere, damals vom rechten Flügel, ausgesprochen hatten, was Brandt nicht deutlich sagen wollte, was er aber dachte, exponierten sich in den sechziger Jahren Egon Bahr, Heinrich Albertz und Klaus Schütz, um Brandts Position nicht unnötig zu gefährden und unausbleibliche Kritik auf sich zu lenken.

Im ostpolitischen Konzept der Großen Koalition, das dann in der Regierungserklärung Kiesingers und in vielen Reden

Brandts Gestalt annahm, wurden nationale und gesamteuropäische Interessen als identisch dargestellt: *Eine dauerhafte Friedensordnung in Europa herzustellen, das heißt auch, die deutsche Frage zu lösen.*[144] Zu den logischen Folgerungen gehörte, vom Status quo auszugehen und Übereinstimmung mit a l l e n Beteiligten zu suchen, selbstverständlich mit der UdSSR, aber auch mit den osteuropäischen Volksdemokratien und der DDR. Am Ende der auf lange Sicht angelegten Politik sollte eine neue europäische Friedensordnung stehen, an ihrem Beginn die Verstärkung der wirtschaftlichen, wissenschaftlichen, kulturellen und – wenn möglich – auch politischen Zusammenarbeit mit den osteuropäischen Völkern und Staaten. Bonn, versicherte der Außenminister, werde die Politik einer Entspannung in Europa nicht mit Vorbedingungen belasten.

Anknüpfend an die Friedensnote der Regierung Erhard vom März 1966 bot die Kiesinger/Brandt-Regierung den osteuropäischen Staaten den Austausch von Gewaltverzichtserklärungen an, stimmte der Auffassung zu, dass das unter Androhung von Gewalt zustande gekommene Münchener Abkommen nicht mehr gültig sei, und drückte ihr Verständnis für das polnische Verlangen aus, in einem Staatsgebiet mit gesicherten Grenzen zu leben. *Aber wir erhoffen auch bei unseren polnischen Nachbarn Verständnis dafür, dass die Grenzen Deutschlands nur in freier Vereinbarung mit der deutschen Regierung – als Teil einer friedensvertraglichen Regelung – festgelegt werden können.*[145] Mit anderen Worten: Die Bundesregierung erklärte sich nicht bereit, die Oder-Neiße-Grenze anzuerkennen.

Der Bonner Alleinvertretungsanspruch für ganz Deutschland, wie er 1955 in der Hallstein-Doktrin[146] konzipiert worden war, wurde modifiziert, um die angestrebte Aufnahme diplomatischer Beziehungen zu den osteuropäischen Staaten zu ermöglichen. Die Formel, die gefunden wurde, besagte, diese Staaten hätten aufgrund ihrer Bindungen gar nicht anders gekonnt, als die DDR anzuerkennen. Sie ermöglichte im Januar 1967 die Aufnahme der Beziehungen zu Rumänien, konnte aber auf einen blockfreien Staat wie Jugoslawien, das 1957 die DDR anerkannt hatte, nicht überzeugend angewendet werden.

Der Wiederaufnahme diplomatischer Beziehungen zu Belgrad gingen schwere Auseinandersetzungen zwischen den Koalitionspartnern voraus, in denen Brandt nur unter Aufwendung aller Energie seinen Standpunkt durchsetzen konnte, dass die neue Politik nicht an alten Dogmen scheitern dürfe.

In den Anfängen einer neuen Deutschland-Politik wurde besonders deutlich, dass der Außenminister und seine engsten Mitarbeiter an ihre Erfahrungen in Berlin anknüpften. Sie übertrugen die Erkenntnis, dass die Berliner Mauer nicht beseitigt, sondern nur durchlässiger gemacht werden könne, auf ganz Deutschland und schlussfolgerten daraus: Wenn die Teilung Deutschlands in absehbarer Zeit nicht beseitigt werden kann, muss man sie wenigstens halbwegs erträglich für die Deutschen machen. Wer der großen Worte überdrüssig ist, muss wenigstens «kleine Schritte» in Richtung auf verbesserte Kontakte und menschliche Erleichterungen machen. Die Politik der kleinen Schritte, erstmals praktiziert in den Passierscheinverhandlungen zwischen West- und Ost-Berlin (Dezember 1963), gebot, Verhandlungen mit der DDR nicht länger abzulehnen, die DDR nicht länger zu umgehen. Man bot der Ost-Berliner Führung Gespräche über eine Zusammenarbeit auf den verschiedensten Gebieten an, blieb jedoch dabei, dass eine Anerkennung der *völkerrechtlichen Existenz eines zweiten deutschen Staates* nicht möglich sei. *Die deutsche Einheit bleibt unser Ziel.*[147] Solange dieses Ziel nicht erreicht sei, müsse *ein qualifiziertes, geregeltes und zeitlich begrenztes Nebeneinander der beiden Gebiete ins Auge gefasst werden*[148]. Die Realität bei ihrem Namen zu nennen, dazu konnte sich auch Brandt noch nicht entschließen. Er sprach von der *politischen Ordnung im anderen Teil Deutschlands*, vom *deutschen Gebiet jenseits der Elbe*, von der DDR sprach er noch nicht.

Die ostpolitischen Reformer waren sich darüber klar, dass es zunächst nur darum gehen konnte, ein Klima des Vertrauens zu schaffen, dass man einen langen Atem brauchte. Ziemlich rasch zeigte sich jedoch, dass Moskau auf die neue Politik anstatt mit Erleichterung mit Furcht und Misstrauen reagierte, zumal es gerade die Außenseiter Rumänien und Jugoslawien gewesen waren, die als Erste ihre Beziehungen zu Bonn verbessert hatten. Als Reaktion legte Moskau die zunächst ebenfalls an einer Normalisierung interessierten Tschechoslowaken, Ungarn und Bulgaren an die Kette. Ost-Berlin gelang es, die Ulbricht-Doktrin durchzusetzen, wonach die osteuropäischen Staaten die Aufnahme diplomatischer Beziehungen mit Bonn von der vorangegangenen Anerkennung der DDR abhängig machen mussten. Das entspannungsbemühte Bonn wurde als besonders gefährlich angesehen, es versuche nur, so hieß es, mit raffinierteren Methoden alte Ziele zu erreichen und den Ostblock «aufzuweichen». Der Warschauer Pakt schloss sich nicht auf, er riegelte sich ab.[149] Als die Warschauer-Pakt-Staaten am 21. August 1968 die Tschechoslowakei besetzten und die Invasion mit dem Hinweis auf die Subversion und Angriffsabsichten der «westdeutschen Imperialisten» zu rechtfertigen versuchten[150], sah es zunächst so aus, als sei die neue Bonner Politik gescheitert.

Unter dem Eindruck dessen, was in der ČSSR geschah, zog man sich in der CDU / CSU wieder auf die im Winter 1966 gerade erst verlassenen Positionen zurück. Brandt empfahl, auf den neuen Wegen fortzuschreiten; die tschechoslowakische Krise bedeute zwar *eine Unterbrechung*, sei *ein Rückschlag, der lange nachwirken* könne, aber die auf Abbau von Spannungen zielende Politik müsse dennoch fortgesetzt werden. *Zu dieser Politik des friedlichen Ausgleichs in Europa gibt es keine Alternative.*[151]

Die unterschiedlichen Schlussfolgerungen, die die beiden Koalitionspartner aus der ČSSR-Besetzung zogen, verschlechterten um die Jahreswende 1968 / 69 das Koalitionsklima und belasteten die Beziehungen zwischen Kiesinger und Brandt. Öffentlich hielt Brandt sich zwar zurück, unter Freunden ließ er der Empörung freien Lauf, dass beispielsweise in seinem Amt entworfene Noten nun im Bundeskanzleramt gewissermaßen zensiert und umgeschrieben wurden.[152] *Je länger die Große Koalition dauerte, umso weniger erfolgreich war der Kanzler in seinem Bemühen, seine Parteifreunde bei der beschlossenen Regierungspolitik zu halten. Die CDU / CSU wollte, trotz besserer Einsicht vieler ihrer Leute, ihre schon toten heiligen Kühe nicht beerdigen. Und*

Panzer in Prag, 21. August 1968

der Kanzler sah sich nicht in der Lage, die Beerdigung [...] zu erzwingen.[153]

Im Frühjahr 1969, als Kambodscha die DDR anerkannte, kam es in der Großen Koalition zu schweren Differenzen, ob Bonn darauf hart oder elastisch reagieren sollte. Kiesinger versuchte, Brandt in eine für diesen unakzeptable Situation zu manövrieren. Er spekulierte auf den Rücktritt Brandts – ein Rücktritt, der der CDU/CSU angesichts des bevorstehenden Bundestagswahlkampfs sehr gelegen gekommen wäre. Zwar einigte man sich schließlich auf den Kompromiss, die Beziehungen zu Kambodscha nicht abzubrechen, wie man im Kanzleramt erwog, sondern «einzufrieren», doch Brandt fasste in diesen Wochen den Entschluss, ab Herbst mit den Liberalen zu regieren – wenn nicht anders möglich mit nur einer Stimme Mehrheit.[154] Aus der «Geburtshelferin» der Großen Koalition, der Außenpolitik, war ein «Scheidungsgrund» geworden.

Sichtbare Erfolge zeitigte die neue Politik zunächst nur in der Bundesrepublik sowie im Westen. Der Außenminister Willy Brandt revidierte das Urteil vieler Bürger, die Domäne der deutschen Sozialdemokratie sei die Kommunalpolitik, die auswärtige Politik müsse man den Konservativen überlassen. Die Verteidigungsminister der sozialliberalen Koalition, Helmut Schmidt und Georg Leber, räumten in den Jahren darauf ein weiteres Vorurteil der Bundesbürger aus: Sicherheitspolitik sei ausschließlich bei Christdemokraten in guten Händen.

> «Ohne die Große Koalition wäre der Wahlerfolg 1969 kaum erreichbar gewesen. Auch Brandt brauchte die Zeit als Außenminister. Ohne die gebündelten Erfahrungen dort, nach innen wie nach außen, wäre er bei einem direkten Sprung ins Kanzleramt wohl gescheitert.»
> **Egon Bahr, «Zu meiner Zeit» (1996)**

Im Verhältnis zu den westlichen Verbündeten bannte Brandts Außenpolitik die Gefahr der Isolierung und verschaffte Bonn wieder Anschluss an die Partner. Aber gemessen an dem, was notwendig gewesen wäre, ging die Ostpolitik der Großen Koalition nicht weit genug, sie blieb in Rechtsvorbehalten, Inkonsequenz und Halbheit stecken. Gemessen allerdings an jener Politik, die die Christdemokraten vor 1966 in Richtung Osteuropa trieben, sieht die Bilanz weniger negativ aus. Es war, so drückte Brandt es aus, nun eine Ausgangsposition für eine erfolgreiche Politik vorhanden.

Der Bundeskanzler
(1969 – 74)

Bonn, 28. September 1969, am Abend der Wahl zum VI. Deutschen Bundestag. Die ersten Ergebnisse, die ersten Hochrechnungen sind da. In der CDU-Zentrale wird Sekt gereicht. Seit zwei Jahrzehnten stellt die CDU den Kanzler; es sieht so aus, als ob es dabei bleiben werde. «Ich freue mich», sagt Kiesinger, «ein großartiger Sieg» sei von den Unionsparteien errungen worden.[155] Franz Josef Strauß ist überzeugt, «ohne uns und gegen uns» kann keine Koalition gebildet werden. «Stimmt es, Herr Scheel», fragt gegen 20 Uhr ein Journalist den Vorsitzenden der Freien Demokraten, «dass Sie nicht mehr an die Möglichkeit einer SPD/FDP-Regierung glauben?» – «Ja», erwidert dieser, nach den Zahlen sehe es so aus, als ob das kaum noch möglich sei.

Ein paar Stunden später haben sich die Zahlen geändert. Auch eine Koalition zwischen SPD und FDP ist rechnerisch nun möglich. «Ich glaube nicht, dass diese Koalition politisch möglich ist», meint Kiesinger dazu. Schon vor dem Wahltag hat Herbert Wehner hinter dem Rücken Willy Brandts Verhandlungen mit der CDU über die Fortsetzung der Großen Koalition geführt.

Erst kurz vor Mitternacht stellt sich Willy Brandt den Journalisten. *Man muss jetzt nüchtern davon ausgehen: SPD und FDP haben mehr als CDU und CSU. Das ist das Ergebnis.*[156] *Ich habe die FDP wissen lassen, dass wir zu Gesprächen mit ihr bereit sind. Dies ist der jetzt fällige Schritt von unserer Seite. Über alles andere wird morgen zu reden sein.*

Gegen 1 Uhr 20 telefoniert Brandt im SPD-Parteivorstand zum dritten Mal in dieser Nacht mit Walter Scheel. Dann will er sich auf den Heimweg machen. Noch einmal auf das Risiko der ganz geringen Mehrheit angesprochen, sagt er entspannt, als ob er bereits Kanzler sei: *Wir machen es.* Alle die dabei sind, wissen: Willy Brandt will das Bündnis mit den Liberalen, den Machtwechsel in Bonn. «Christ-, Sozial- und Freie Demokraten erleben in dieser Nacht, […] wie entscheidend eine kaltblütige, entschlossene Führung ist, wenn sie zur Macht greift, die aus den Wahlkabinen kommt. Ohne diese Fähigkeit Willy Brandts wäre die Chance zur sozialliberalen Koalition vorbeigegangen», kommentierte später Egon Bahr.[157] Die Skeptiker in der sozialdemokratischen Führung beugen sich.

Mehr als ein Jahrzehnt sind die Freien Demokraten Koalitionspartner der CDU gewesen; erst im März 1969, bei der Wahl von Gustav Heinemann zum Bundespräsidenten, haben sie erstmals mit der SPD gestimmt. Während Unionspolitiker noch immer hoffen, Kiesinger werde es gelingen, das Bündnis mit den Freien Demokraten zu erneuern, sind Brandt und Scheel bereits bei Heinemann. *Herr Bundespräsident*, so informiert ihn Brandt am 3. Oktober, *die SPD ist mit der FDP darin einig, dass sie zusammen regieren wollen.*[158] Schon siebzehn Tage nach der Wahl können die Koalitionsverhandlungen abgeschlossen werden.

Um Regierungschef zu werden, braucht Brandt mindestens 249 Stimmen. Die neue Koalition hat nur fünf Stimmen mehr. Doch Erich Mende, Scheels Vorgänger im FDP-Vorsitz, hat bereits öffentlich erklärt, dass er Brandt nicht wählen werde. Die Freien Demokraten Zoglmann und Starke schließen sich ihm an. Mit 251 Stimmen – das seien immerhin zwei mehr, als Adenauer 1949 für sich buchen konnte, bemerkte Brandt – wählte ihn am 21. Oktober 1969 der Bundestag zum Kanzler. Zum ersten Mal seit knapp vierzig Jahren, seit dem letzten Kabinett von Hermann Müller, gibt es in Deutschland wieder einen sozialdemokratischen Regierungschef.

Am 28. Oktober gibt Brandt seine erste Regierungserklärung ab. Gemessen an der Tatsache, dass die neue Koalition besonders auf die starke Übereinstimmung der beiden Partner in der Ostpolitik gegründet ist, klingt, was der Kanzler dazu sagt, erstaunlich zurückhaltend, ja vorsichtig. Gewiss, zum ersten Mal wird anerkannt, dass *zwei Staaten in Deutschland existieren,*

Der Eid auf die Verfassung: Bundeskanzler Willy Brandt, 21. Oktober 1969

aber Brandt betont auch, wie sehr der neuen Regierung daran liege, auf diesem Gebiet Kontinuität zu wahren, an Vorangegangenes anzuknüpfen. *Die Bundesregierung verzichtet heute bewusst darauf [...], Festlegungen vorzunehmen oder Formeln vorzu-*

tragen, welche die von ihr erstrebten Verhandlungen erschweren könnten. Sie ist sich bewusst, dass es Fortschritte nur geben kann, wenn die Regierungen in den Hauptstädten der Staaten des Warschauer Vertrages eine kooperative Haltung einnehmen.

Das Schwergewicht liegt auf der Innenpolitik. *Wir wollen mehr Demokratie wagen,* verspricht der neue Kanzler. *Mitbestimmung, Mitverantwortung in den verschiedenen Bereichen unserer Gesellschaft werden eine bewegende Kraft der kommenden Jahre sein.* Ein plebiszitäres Element soll in die Politik hinein.[159] *Wir stehen nicht am Ende unserer Demokratie, wir fangen erst richtig an,* erklärt Willy Brandt vor dem Deutschen Bundestag am 28. Oktober 1969. Alle Bürger werden aufgerufen, an dem großen Koalitionsplan mitzuwirken, Staat und Gesellschaft umfassend zu reformieren. *Dauerhafte Sicherheit kann es in einer entwickelten Gesellschaft nur durch Veränderung geben.* Brandt zählt nacheinander auf, was vonnöten sei: Steuerreform, Verwaltungsreform, Reform des öffentlichen Dienstes und des Eherechts, Bildungs-, Bodenrechtsreform – kaum ein Bereich, der vom Reformbestreben ausgenommen wird.

Woher nimmt die Regierung den Mut zu einem derart umfassenden Programm? Die Koalition kann, wie die Kanzlerwahl gezeigt hat, im Bundestag nicht einmal ihrer knappen Mehrheit sicher sein. Schlussfolgert sie aus dieser Lage, es bleibe ihr nur die Flucht nach vorne anzutreten? Sind es vor allem Sachzwänge, die sie treiben?

Freilich, wohin man blickt, an den Hochschulen und in den Städten, in der Betriebsverfassung und im Umweltschutz, in der Sozialpolitik und im Verkehr ist vieles veraltet, muss erneuert werden. *Die gesellschaftlichen Strukturen entsprechen in vielen Bereichen nicht mehr den veränderten Bedingungen und Anforderungen; die technische und wirtschaftliche Entwicklung ist der staatlichen Verwaltung [...] davongelaufen.*[160] Doch der Brandt / Scheel-Regierung geht es über den Sachzwang hinaus um mehr. *Unsere Reformen,* erklärt Brandt am 24. März 1971 im Bundestag, *sind an folgenden Zielvorstellungen zu messen: mehr Humanität in unserer Gesellschaft; gleiche Lebenschancen; mehr soziale Gerechtigkeit; mehr Freiheit für den Einzelnen; Sicherheit im In-*

nern und nach außen; mehr Mitwirkung für den Bürger in unserem Gemeinwesen.

Insbesondere die Sozialdemokraten brennen darauf, die Macht moralisch zu begründen, den Rechtsstaat in Richtung auf eine soziale Demokratie hin weiterzuentwickeln. Die Bundesrepublik soll nach ihren Vorstellungen ein sozialer Modellstaat für die Europäische Gemeinschaft und diese noch in den siebziger Jahren *zum sozial fortschrittlichsten Großraum der Welt* entwickelt werden.[161] Unter der Führung Willy Brandts und im noch gänzlich ungetrübten Bündnis mit den Liberalen sind die Erben August Bebels aufgebrochen, *das Vaterland der Liebe und Gerechtigkeit* zu schaffen. Die Aufbruchsstimmung in der neuen Koalition, der Wille zur Veränderung und zu Reformen, beflügeln viele Bundesbürger. Aber während die Erwartung gegenüber der Regierung ständig zunimmt, wächst in der Koalition die Erkenntnis, dass man sich übernommen hat.

> «Der nicht eheliche Sohn einer Frau aus einfachen Verhältnissen, Sozialdemokrat und Emigrant, war deutscher Staatschef geworden. Wenig später wurde mit Bruno Kreisky ein jüdischer Sozialdemokrat Bundeskanzler von Österreich. Die Zeichen in Europa standen auf Veränderung.»
> Horst Ehmke, «Mittendrin» (1994)

Schon in den ersten Monaten der Regierungszeit des neuen Bundeskanzlers zeigt sich: Im Vordergrund steht nicht die Innen-, sondern die Außenpolitik. Er sei *gar nicht glücklich darüber*, bekennt Willy Brandt, denn er wisse, *dass die Innenpolitik großgeschrieben werden muss und diese Regierung in erster Linie nach ihren Reformleistungen bewertet werden wird.*[162] Aber mannigfache Erfahrungen zwingen die Regierung im Laufe der Jahre, ihr Reformprogramm zu revidieren und zu stutzen. Zunächst muss sie sich eingestehen, in der Innenpolitik versäumt zu haben, was ihr in der Außenpolitik gelang, nämlich Prioritäten zu setzen. Es *verschwamm zeitweise der Unterschied zwischen dem, was man in einer Vierjahresperiode leisten und dem, was man nur auf längere Sicht anpeilen kann.*[163] Auch die starke Abhängigkeit aller Reformvorhaben von der wirtschaftlichen Lage und den Staatsfinanzen wurde anfangs nicht scharf genug gesehen. Es fehlte die Erfahrung, was Reformen kosten.

Das erste Kabinett Brandt / Scheel, 1969: Gerhard Jahn, Käte Strobel, Bundespräsident Gustav Heinemann, Willy Brandt, Walter Scheel, Karl Schiller, Georg Leber (1. Reihe. v. l. n. r.); Helmut Schmidt, Alex Möller, Erhard Eppler, Hans-Dietrich Genscher, Walter Arendt (2. Reihe); Egon Franke, Lauritz Lauritzen, Hans Leussink, Horst Ehmke, Josef Ertl (3. Reihe)

Erschwerend kam hinzu, dass das Reformprogramm in einer Zeit der Hochkonjunktur und des steten Wirtschaftswachstums entwickelt worden war. Als der Regierung die Preisentwicklung und die Stabilitätsfürsorge auf den Nägeln brannten, mussten teure Reformvorhaben aus finanziellen Gründen verschoben werden. Als Flugzeugentführungen, Banküberfälle, Geiselnahmen, die Überfälle der Baader-Meinhof-Leute die innere Sicherheit bedrohten, zeigte sich, dass auch aus diesen Gründen die anfangs geplante Konzentration auf die Politik der inneren Reformen gar nicht durchzuhalten war.

Als die großen Reformen, zum Beispiel die Bildungs-, Steuer- und Bodenrechtsreform, stecken blieben, wurden zeitweise *kleine Veränderungen und Verbesserungen von Gesetzen* sozusagen ersatzweise als Reformen angeboten. Es kam zu einem *inflatorischen Umgang mit dem Wort Reformen*, der Begriff wurde *überstrapaziert.*[164]

Im Herbst 1972, vor den vorgezogenen Wahlen, gab der Bundeskanzler zu: *Ich weiß besser als jeder andere, dass dieser Regierung im Bemühen um innere Reformen Zeitverluste, ja, ich sage es in aller Offenheit: auch Fehler und Pannen unterlaufen sind. […] Wir haben nicht alles verwirklichen können, was wir uns vorgenommen hatten.*[165] Aber er bestand darauf: *[…] die Bilanz – die kann sich sehen lassen. […] Wenn wir in den drei Jahren nichts anderes zustande gebracht hätten, als das Betriebsverfassungsgesetz und die flexible Altersgrenze, als das Städtebauförderungsgesetz und das verbesserte Mietrecht, als die Vorsorgeuntersuchungen gegen Krebs und die Dynamisierung der Kriegsopferrenten, als den Erfolg des 624-DM-Gesetzes und die Unfallversicherung der Schüler, als die neuen Weichenstellungen in der Gesundheitspolitik, die Verbesserungen in der Bundeswehr, die Initiativen in der Justizpolitik und im Umweltschutz – dann hätten wir damit einen Katalog der Erfolge, mit dem wir guten Gewissens vor die Wähler treten könnten. Aber es ist mehr geschehen.*[166] Auch diese Aufzählung enthält Hinweise auf noch nicht verwirklichte Reformvorhaben. Aber der Regierung kommt zugute, dass sie durch ihre hoch gesteckten Ziele in großen Teilen der Bevölkerung so etwas wie Problembewusstsein geschaffen, viele Menschen überzeugt hat, dass vieles geändert werden müsste, um mehr Gerechtigkeit zu schaffen. Noch ist in der Bevölkerung eine starke Bereitschaft zu Reformen vorhanden.

Brandts zweite Regierungserklärung vom 18. Januar 1973 lässt erkennen, dass die Regierung dazugelernt hat. Diesmal werden Schwerpunkte gesetzt. Die Regierung will sich auf die Reform der Vermögensbildung, des Bodenrechts, des § 218 und den Ausbau der Mitbestimmung konzentrieren. In den folgenden Jahren zeigt sich: Das Reformprogramm ist wiederum zu umfangreich geraten.

Nicht als Regierung der großen inneren Reformen, wie sie sich vorgenommen hatte, sondern als Regierung des Friedensnobelpreisträgers Willy Brandt wird die erste sozialliberale Koalition in den Geschichtsbüchern verzeichnet werden. Vor allem die Ostpolitik verschafft der Brandt/Scheel-Regierung ihre historische Bedeutung.

Bereits im Frühjahr 1969 hatte es Anzeichen gegeben, dass die Sowjetunion dabei war, ihre Deutschland-Politik zu modifizieren, und nun ihrerseits an Verhandlungen mit der Bundesrepublik Interesse zeigte. Auf einer Konferenz der Warschauer-Pakt-Staaten in Budapest (März 1969) war die Ulbricht-Doktrin – keine Verhandlungen mit Bonn ohne vorangegangene Anerkennung der DDR – praktisch aufgegeben worden. Im Mai hatte der polnische KP-Chef Gomułka die Bereitschaft Warschaus angedeutet, mit Bonn über die Normalisierung der deutsch-polnischen Beziehungen zu verhandeln, und kurz vor den Wahlen im September hatte die Sowjetunion sich bereit erklärt, mit der Bundesrepublik über einen gegenseitigen Gewaltverzicht zu sprechen. Der anhaltende Konflikt mit China, die Gefahr eines politischen, militärischen und wirtschaftlichen Überengagements der UdSSR sowie die durch die Unterdrückung der nationalkommunistischen Bestrebungen in der ČSSR verringerte Sorge, eine neue Westpolitik könne zu einer gefährlichen Aufweichung im eigenen Lager führen, gehören zu den Gründen für die Kursschwenkung der UdSSR.[167]

Die Brandt/Scheel-Regierung sah sich vor der komplizierten und besonders schwierigen Aufgabe, die einzelnen Glieder des ostpolitischen Konzepts miteinander zu verschränken und einen ostpolitischen Fahrplan auszuarbeiten, der bundesrepublikanischen Interessen und den Gegebenheiten in Osteuropa Rechnung trug. Die Planer waren sich darüber klar: Ohne eine vorangegangene Einigung mit Moskau würde man in Ost-Berlin und Warschau nicht weiterkommen; zunächst mussten mit der osteuropäischen Führungsmacht die Bedingungen für eine Normalisierung ausgehandelt werden. Das geschah im Moskauer Vertrag. Zugeständnisse an die andere Seite mussten

Die Ostverträge

12. August 1970 Unterzeichnung des «Moskauer Vertrages» zwischen der Bundesrepublik und der UdSSR. Die Vertragspartner verpflichten sich, gemäß der UN-Charta auf die Drohung und Anwendung von Gewalt zu verzichten, alle bestehenden Grenzen anzuerkennen und ihre Beziehungen zu verbessern und zu erweitern. Zum Vertragswerk gehört ferner ein Brief der Bundesregierung, dass der Vertrag nicht im Widerspruch zu dem Ziel stehe, die deutsche Einheit wiederzuerlangen.

7. Dezember 1970 Unterzeichnung des «Warschauer Vertrages» zwischen der Bundesrepublik und der VR Polen «über die Grundlagen der Normalisierung der gegenseitigen Beziehungen». Kernstück des Vertrages ist die Anerkennung der polnischen Westgrenze durch die Bundesregierung.

3. September 1971 Unterzeichnung des «Berlin-Abkommens» der vier Mächte. Es enthält eine Gewaltverzichtsklausel der Siegermächte des Zweiten Weltkriegs und sichert einen behinderungsfreien Transitverkehr zwischen der Bundesrepublik und West-Berlin sowie die mögliche Einreise von West-Berliner Bürgern nach Ost-Berlin. Das Abkommen war die Voraussetzung für den Grundlagenvertrag zwischen der Bundesrepublik und der DDR.

8. November 1972 Unterzeichnung des «Grundlagenvertrages» zwischen der Bundesrepublik und der DDR. Beide deutsche Staaten verpflichten sich ebenfalls zum Gewaltverzicht, zur Unverletzlichkeit ihrer Grenzen sowie zur gegenseitigen Respektierung ihrer Unabhängigkeit und Selbständigkeit in inneren und äußeren Angelegenheiten. Sie erklären ihre Absicht, praktische und humanitäre Fragen zu regeln, Abkommen über alle wichtigen Bereiche zu schließen sowie (anstelle von Botschaften) «ständige Vertretungen» einzurichten. Infolge des Vertrages erhielten zahlreiche Bundesbürger im grenznahen Bereich die Möglichkeit zu Besuchen in der DDR.

20. Juni 1973 Paraphierung eines dem Warschauer Vertrag entsprechenden Vertrages über die Beziehungen zwischen der Bundesrepublik und der ČSSR.

mit Zugeständnissen der Sowjetunion und der DDR in der Berlin- und Deutschland-Politik gekoppelt werden. Das geschah im Berlin-Abkommen der vier Alliierten und im Grundvertrag zwischen den beiden deutschen Staaten.

Zwar knüpft die Ostpolitik ab 1969/70 an Vorangegangenes an; ihr Erfolg beruht jedoch darauf, dass die sozialliberale Koalition aus längst gewonnenen Einsichten die bisher nicht gewagten Konsequenzen zog: Die Brandt/Scheel-Regierung akzeptierte den territorialen Status quo in Vertragsform und räumte damit ein Haupthindernis für die Entspannung aus dem Weg.

Der ausdrückliche Verzicht auf die deutschen Ostgebiete, die durch nationalsozialistische Eroberungspolitik verspielt worden waren, ist auch der sozialliberalen Koalition schwer gefallen. Der Karlsruher SPD-Parteitag von 1964, abgehalten vor einer riesigen Deutschland-Karte mit den Grenzen von 1937, Äußerungen führender SPD-Politiker in den sechziger Jahren, auch von Brandt und Wehner[168], veranschaulichen, wie lange besonders die Sozialdemokraten brauchten, sich zum Realismus durchzuringen. Mit dem Argument, mit Kommunisten seien verlässliche Übereinkünfte nicht möglich, kam gegen die gesamte Entspannungspolitik immer wieder Widerspruch auch aus der SPD.

Niemand kann sich der Trauer entziehen, uns schmerzt das Verlorene, sagte der Kanzler, als er sich am Tag der Unterzeichnung des Warschauer Vertrages am 7. Dezember 1970 aus der polnischen Hauptstadt über das Fernsehen an die Bundesbürger wandte. Aber: *Die Flucht vor der Wirklichkeit schafft gefährliche Illusionen. […] Ein klares Geschichtsbewusstsein duldet keine unerfüllbaren Ansprüche. Es duldet auch nicht jene «geheimen Vorbehalte», vor denen der Ostpreuße Immanuel Kant in seiner Schrift «Zum ewigen Frieden» gewarnt hat. Wir müssen unseren Blick in die Zukunft richten und die Moral als politische Kraft erkennen. Wir müssen die Kette des Unrechts durchbrechen. Indem wir dies tun, betreiben wir keine Politik des Verzichts, sondern eine Politik der Vernunft.*

Sämtliche ost- und Deutschland-politischen Verträge der Brandt / Scheel-Regierung, insbesondere der deutsch-polnische Vertragsabschluss, lassen das mit der nüchternen Bestandsaufnahme verbundene moralische Engagement erkennen. Das Bemühen, Moral und Politik in Deutschland zu verbinden, kennzeichnet die gesamte Regierungstätigkeit von Brandt. Seine Ostpolitik bedeutete für diesen Kanzler mehr, als sich pragmatisch zu verhalten. Hinter dem Kniefall des Hitler-Gegners vor dem Mahnmal im einstigen Warschauer Ghetto steht, nicht nur in der Geste, das christliche Bedürfnis, Schuld für an-

In Warschau, 7. Dezember 1970: Brandt vor dem Mahnmal im einstigen Ghetto

dere, Schuld für die Deutschen abzutragen. Als dieses Motiv der Brandt'schen Politik in den Hauptstädten Osteuropas begriffen und verstanden wurde, entstand jenes Vertrauen auf der anderen Seite, ohne das die bundesdeutsche Ostpolitik nicht hätte wirksam werden können.

Hartnäckig widersetzten sich jedoch die ostdeutschen Politiker dem Entspannungskurs in Bonn, denn sie fürchteten politischen Terrainverlust. Als sich Moskau der Perspektive der Brandt'schen Ostpolitik – nämlich langfristiger Ost-West-Ausgleich und europäische Ost-West-Kooperation – annäherte, musste auch die Ost-Berliner Führung ihren Alles-oder-nichts-Standpunkt aufgeben und sich zu Zugeständnissen bereit erklären. Der Erfolg der Brandt'schen Ostpolitik besteht denn auch gerade darin, dass die DDR-Führung ihr so außerordentlich wichtiges Ziel, die uneingeschränkte völkerrechtliche Anerkennung, und zwar als Vorleistung der Bundesrepublik, noch vor allen anderen Verhandlungen, nicht erreichte. Allein schon durch die Tatsache des 1972 ausgehandelten Grundvertrags musste die DDR-Führung akzeptieren, dass die beiden deutschen Staaten *füreinander nicht Ausland; ihre Beziehungen zueinander […] nur von besonderer Art sein* können, wie es in der Regierungserklärung Brandts von 1969 heißt. Doch der DDR wurde noch weit mehr abverlangt.

> «Man kann nicht nur in den Tag hineinleben und sich arrangieren, man muss ein bisschen auch abzielen auf Dinge, von denen einem die meisten sagen, das wird wohl nichts, oder: Das wird wohl nichts so rasch.»
>
> Willy Brandt: Zur Person. Gespräch mit Günter Gaus am 30. September 1964

Da man weithin der Meinung war, die deutsche Einheit sei in absehbarer Zeit nicht wiederherstellbar, wollte Brandt die Folgen der Teilung mildern, der Entfremdung der Menschen entgegenwirken, das Zusammengehörigkeitsgefühl durch vielfältige Kontakte stärken. Das Interesse Ulbrichts lief dem diametral entgegen. Ihm ging es um Abgrenzung, um Trennung; die Entspannung kam nach seiner Überzeugung für die DDR zu früh, da sie noch nicht zum eigenen Vorteil konkurrieren konnte und in der DDR noch immer «ideologische Aufweichung» zu befürchten war. Als sich 1970 die beiden damaligen Regierungschefs in Deutschland, Willy Brandt und Willi Stoph, nach 25 Jahren der Teilung erstmals trafen, am 19. März in Erfurt und am 21. Mai in Kassel, war erkennbar an der Tatsache der Begegnung, dass sich auch die DDR-Führer dem Entspannungskurs nicht absolut verschließen konnten; an der Haltung Stophs, dass sie das Nebeneinander, nicht das Miteinander der beiden deutschen Staaten wollten; an dem begeisterten Empfang, den Erfurter Bürger Brandt bereiteten, dass die Motive und Ziele seiner Politik von vielen Menschen in der DDR verstanden und gebilligt wurden. Ulbricht mochte sich in seiner Abwehrhaltung durch die Begeisterung für Brandt bestätigt fühlen.

Eineinhalb Jahre nach Erfurt und Kassel, im November 1972, als die Staatssekretäre Egon Bahr und Michael Kohl die Verhandlungen über den Grundvertrag abschlossen, stand fest, dass die Führer der DDR unter anderem eingewilligt hatten, mit der Bundesrepublik eine Anzahl von Verträgen abzuschließen, also auf den verschiedensten Gebieten zu kommunizieren, und den Reise- und Besuchsverkehr von West nach Ost – kaum umgekehrt – zu erleichtern sowie zu erweitern. 1973/74, in der zweiten Amtsperiode Brandts, wurden zwar viele Erleichterungen im Verkehr zwischen den Deutschen alltäglich und selbstverständlich, aber es bestätigte sich auch, dass eine Politik der Annäherung in Deutschland großer Ausdauer bedurfte, einer Stetigkeit, die Abwehr und auch Provokationen der anderen Seite überdauern konnte.

Egon Bahr
Der 1922 geborene Lehrersohn wurde nach dem Zweiten Weltkrieg Journalist. 1960 begann seine über dreißig Jahre währende Zusammenarbeit mit Willy Brandt – zunächst als dessen Berliner Pressesprecher, während der Großen Koalition als Sonderbotschafter und späterer Leiter des Planungsstabes im Auswärtigen Amt und schließlich als rechte Hand Willy Brandts im Bundeskanzleramt. Bahr gilt als wichtigster Vordenker und als herausragender Politiker der Entspannungspolitik. Er führte ab 1970 die Verhandlungen für den Moskauer Vertrag und den Grundlagenvertrag mit der DDR. 1974 wurde er Minister für wirtschaftliche Zusammenarbeit in der Regierung Schmidt und setzte danach seine Zusammenarbeit mit dem Parteivorsitzenden Brandt als dessen Bundesgeschäftsführer in der SPD-Zentrale fort. Ab 1981 wirkte Bahr in verschiedenen Funktionen für weltweite Abrüstung.

Das entscheidende Kriterium für den östlichen Entspannungswillen war für Bonn, ja für den ganzen Westen die Berlin-Politik der anderen Seite. Schon im März 1960 hatte Brandt als Regierender Bürgermeister erklärt: *Die Ehrlichkeit jeder Entspannungspolitik muss sich in Berlin erweisen. Die Aufrichtigkeit sowjetischer Angebote wird sich hier ablesen lassen.*[169] Diese Sätze waren noch immer aktuell, als sich zehn Jahre später, im März 1970, die Botschafter der vier Siegermächte in der damals noch ehemaligen deutschen Hauptstadt an den Konferenztisch setzten, um ein Berlin-Abkommen auszuhandeln. Bereits im Oktober

1961, kurz nach dem Mauerbau, hatte John F. Kennedy Brandt wissen lassen, *ihm gehe es um ein Abkommen, durch das die Lage Berlins wirklich verbessert werde, damit man nicht alle vier Monate vor neuen Schwierigkeiten stehe. Allerdings*, so hatte der amerikanische Präsident hinzugefügt, *seien die Voraussetzungen für eine solche Regelung noch nicht gegeben.*[170] Waren 1970 die Voraussetzungen vorhanden?

Die Brandt/Scheel-Regierung ließ wissen, dass für sie ein untrennbarer Zusammenhang zwischen der Ratifizierung des Moskauer und Warschauer Vertrags und einem befriedigenden Vier-Mächte-Abkommen über Berlin stehe. Die Sowjetunion hatte sich zu Berlin-Verhandlungen erst bereit erklärt, als die Verträge mit der Bundesrepublik bereits ausgehandelt wurden, und wollte Zugeständnisse in Berlin nicht ohne bundesdeutsche Ratifizierung der Ostverträge wirksam werden lassen. Ein Scheitern der Berlin-Verhandlungen hätte ein Scheitern der gesamten Brandt'schen Ostpolitik bedeutet. Erst nach dem Rücktritt Walter Ulbrichts vom Amt des Ersten Sekretärs der SED im Mai 1971, der sich östlichen Berlin-Zugeständnissen so lange wie möglich widersetzte, konnten sich die Botschafter der USA, Großbritanniens und Frankreichs mit ihrem sowjetischen Kollegen einig werden. In dem am 3. September 1971 unterzeichneten Abkommen der vier Mächte, in dem allerdings der Name der Gesamtstadt Berlin nicht vorkommt, garantierte die Sowjetunion erstmals den zivilen Berlin-Verkehr. Obgleich die vier Mächte darauf bestanden, dass West-Berlin kein Bestandteil der Bundesrepublik sei, bestätigten sie Bindungen zwischen der Teilstadt und der Bundesrepublik sowie deren Außenvertretung durch Bonn.

Natürlich könnte ich mir etwas noch Besseres vorstellen, erklärte Brandt am selben Tag. *Aber wir erinnern uns doch alle an die Jahre, die hinter uns liegen. Und an die Schwierigkeiten [...]. Ich meine, die eigentliche Bedeutung liegt darin, dass es in Zukunft keine Berlin-Krise mehr geben soll. Das wäre viel nach all den Jahren der Unsicherheit.*

Das als Berlin-Abkommen in die Geschichtsbücher eingegangene Dokument wurde in der ganzen Welt begrüßt, die Opposition in Bonn war dennoch nicht bereit, ihre ablehnende Haltung gegenüber der neuen Politik zu revidieren. Ähnlich wie sich die SPD der fünfziger Jahre in die Ablehnung der Adenauer'schen Westpolitik verrannt hatte, verrannte sich die CDU/CSU Anfang der siebziger Jahre in die Ablehnung der Brandt'schen Ostpolitik. Diese Ostpolitik fand im Ausland zunächst größere und ungeteiltere Zustimmung als in der Bundesrepublik.

Am 20. Oktober 1971 entschied das Nobel-Komitee des norwegischen Parlaments, den Friedensnobelpreis 1971 dem deutschen Bundeskanzler zu verleihen. In der Nachfolge Ludwig Quiddes, Gustav Stresemanns und Carl von Ossietzkys nahm Brandt als vierter Deutscher am 10. Dezember 1971 in der norwegischen Hauptstadt den Friedenspreis entgegen, und er drückte dabei aus, was ihn an dieser hohen Auszeichnung am meisten freute und bewegte: *Dass es mir [...] vergönnt war, nach den unauslöschlichen Schrecken der Vergangenheit den Namen meines Landes und den Willen zum Frieden in Übereinstimmung gebracht zu sehen.*[171] Brandt erinnerte an Konrad Adenauers Verdienst, *einen ersten wichtigen Teil der Organisierung des Friedens vollbracht zu haben: [...] die Verständigung und vertrauensvolle Zusammenarbeit mit den Staaten des Westens. Uns blieb die Aufgabe, den nicht minder wichtigen Teil anzupacken: die Aussöhnung mit den Nachbarn im Osten und eine gesamteuropäische Zusammenarbeit, die über den Ost-West-Konflikt hinausführt und ihn überlagert.*[172]

Titelblatt der Zeitschrift «Time», 4. Januar 1971. Am Ende desselben Jahres erhielt Willy Brandt den Friedensnobelpreis.

Der Höhepunkt der Brandt'schen Popularität im Ausland fällt zusammen mit dem Beginn jener dramatischen innenpolitischen Krise, die erst mit der vorzeitigen Auflösung des VI. Bundestags beendet wurde, aber deren Vorgeschichte bis in den Oktober 1969 reicht.

Das Wahlergebnis vom 28. September 1969 wurde von den Unionsparteien vom ersten Tag an nicht als Niederlage akzeptiert. Sie glaubten sich um ihren Sieg durch SPD und FDP betrogen und erstrebten eine schnelle Korrektur, und zwar mit Hilfe solcher Freien Demokraten, von denen man wusste oder annahm, dass sie ein Bündnis mit der CDU vorzogen. «Bild» am 4. Oktober 1969: «Auch gestern wurden die FDP-Abgeordneten mit finanziellen Angeboten überhäuft, um sie doch noch aus dem neuen Regierungsbündnis abzusprengen.» Im Herbst 1969 gelang das nicht. Erst ein Jahr später, Anfang Oktober 1970, wechselten die Abgeordneten Mende, Zoglmann und Starke von der FDP zur CDU / CSU-Fraktion. Der Abstand zwischen Koalition und Opposition schrumpfte auf sechs Stimmen (251:245). Brandt erkläre: *Diese Bundesregierung ist voll handlungsfähig. [...] Die Mehrheit der Regierungsparteien im Bundestag ist knapp, aber ausreichend. Knappe Mehrheiten sind kein Hindernis für eine wirksame Politik.*[173] 1971 blieb die Mehrheit im Bundestag konstant. Jetzt sah es so aus, als müsse die CDU / CSU ihre Hoffnungen begraben, die Brandt / Scheel-Regierung noch vor den nächsten Wahlen aus dem Sattel heben zu können. Doch unmittelbar nach der ersten Lesung der Ostverträge im Februar 1972 bröckelte die Regierungsmehrheit weiter ab. Aus Protest gegen die Verträge wechselte der Vertriebenenpolitiker Herbert Hupka von der SPD- zur CDU-Fraktion. Mit Hupkas Abgang schmolz die Koalitionsmehrheit auf vier Stimmen (250:246).[174] Brandt gab sich weiter optimistisch, dass die Ratifizierung der Ostverträge dennoch möglich und eine vorgezogene Wahl nicht nötig sei: *Ich bin darauf eingestellt, diese Legislaturperiode zu Ende zu bringen, mit einer knappen Mehrheit – die war von Anfang an knapp und ist noch ein bisschen knapper geworden [...] – und dann darum zu ringen, dass es ein verstärktes Wählervotum gibt. Das ist eigentlich die Perspektive.*[175]

In Oreanda auf der Krim, September 1971: Leonid Breschnew und Willy Brandt unternehmen eine Bootsfahrt auf dem Schwarzen Meer. Rechts Egon Bahr

Die Opposition hatte sich auf eine andere Perspektive eingestellt. Sie war zu einer «Generalabrechnung» (Strauß) mit der sozialliberalen Koalition entschlossen und wartete, um über ihr Vorgehen zu entscheiden, nur noch das Ende der baden-württembergischen Landtagswahlen am 23. April 1972 ab. Bereits am Wahltag konnte die Opposition frohlocken. Ein weiterer Freier Demokrat, der Bauer Wilhelm Helms, verließ an diesem Sonntag die FDP-Bundestagsfraktion. Die nun noch bestehende Koalitionsmehrheit von zwei Stimmen (249:247) schien nur auf dem Papier zu gelten, denn die Stimmen der Abgeordneten Knut Freiherr von Kühlmann-Stumm und Gerhard Kienbaum (FDP) sowie von Günther Müller (SPD) galten ebenfalls nicht mehr als sicher.

In dieser Situation und angesichts eines eindrucksvollen Wahlsiegs in Baden-Württemberg beschließt die CDU/CSU-Bundestagsfraktion, und zwar einstimmig, am Abend des

24. April gestützt auf Art. 67 GG, ein konstruktives Misstrauensvotum gegen den Bundeskanzler einzubringen und den CDU-Fraktionsvorsitzenden Rainer Barzel als seinen Nachfolger zu wählen.[176]

Noch in der Nacht gehen im Kanzleramt unzählige Telefonanrufe und Telegramme empörter Brandt-Anhänger über den Unionsbeschluss ein. In den nächsten beiden Tagen kommt es zu Warnstreiks und Sympathiekundgebungen für die Regierung.

Am Donnerstag, 27. April, wird in geheimer Abstimmung über den Oppositionsantrag im Bundestag entschieden. Die Journalistin Wibke Bruhns erinnert sich: «Überall hatten sich Menschentrauben vor den Fernsehgeschäften versammelt. In vielen Betrieben war für die Dauer der Abstimmung die Arbeit niedergelegt worden, es herrschte eine stumme, gespannte Erwartung. Dann das Ergebnis. Wildfremde Leute umarmten sich, das Fernsehen zeigte jubelnde Bergleute und Automonteure.»[177] Rainer Barzel fehlen zwei Stimmen an der erforderlichen absoluten Mehrheit – wie schnell deutlich wird: aus seiner eigenen Fraktion. Bekannt ist bisher nur, dass der damalige CDU-Abgeordnete Julius Steiner, wie er 1973 selber offenbaren wird, an diesem Tag Stimmenthaltung übte, wofür er, ebenfalls laut Steiner, 50 000 DM vom Geschäftsführer der SPD-Bundestagsfraktion Karl Wienand erhalten haben wollte. Vor einem daraufhin einberufenen parlamentarischen Untersuchungsausschuss verstrickte sich Steiner jedoch in solche Widersprüche, dass seine Glaubwürdigkeit schnell schwer erschüttert wurde. 1991 berichtet schließlich ein früherer Offizier des Ministeriums für Staatssicherheit von Zusammenkünften mit dem CDU-Abgeordneten in Ost-Berlin. Er, der MfS-Mann, sei es auch gewesen, der mit Wissen seines Ministers Mielke und des DDR-Spionagechefs Wolf die genannte Summe an Julius Steiner übergeben habe. Es besteht der Verdacht, dass auch die zweite Gegenstimme, und zwar die eines CSU-Abgeordneten, mit Hilfe der Staatssicherheit zustande kam.[178]

Einen Tag nach dem gescheiterten Misstrauensantrag, am 28. April 1972, wird bei der Ablehnung des Kanzlerhaushalts mit 247 zu 247 Stimmen klar, dass weder die Regierungs- noch die Oppositionsparteien eine Mehrheit finden können. Das parlamentarische Patt ist da. Erneut wird, wie bereits seit einiger Zeit, die Forderung nach Neuwahlen laut. Dem hatte Brandt Anfang März mit dem Hinweis widersprochen, es sei wichtiger, zunächst die Ostverträge zu ratifizieren; um des bundesdeutschen Ansehens im Ausland willen müsse verhindert werden, dass die Verträge nach vorgezogenen Wahlen noch einmal das gesamte Zeit raubende parlamentarische Verfahren durchlaufen müssten.[179] Die folgenden Wochen zwischen dem 28. April und dem 17. Mai, dem Tag der Ratifizierung des Moskauer und Warschauer Vertrags im Bundestag, sind daher gekennzeichnet durch das Bemühen der Brandt/Scheel-Regierung sowie der SPD- und FDP-Fraktion, mit Hilfe einer gemeinsamen Entschließung aller Fraktionen zu den Ostverträgen deren Ratifizierung doch noch zu ermöglichen.

Zwar blieb die Hoffnung, die damit von Seiten der sozialliberalen Koalition verbunden wurde, nämlich aus der CDU/CSU-Fraktion Ja-Stimmen für die Verträge zu erhalten oder doch wenigstens eine einheitliche Stimmenthaltung der Unionsparteien zu erreichen, unerfüllt. Zwar blieb der Entschließungstext, auf den man sich einigen konnte, politisch problematisch, weil er zum Teil dem Geist der Verträge widersprach. Aber seinen eigentlichen Zweck hat er erfüllt: Die Verträge kamen durch das Parlament. Auch der Weg für Neuwahlen war damit frei. Nach den Sommerferien, am 20. September, stellte der Kanzler im Parlament den dafür nötigen *Antrag nach Artikel 68 des Grundgesetzes. Die eigentliche Vertrauensfrage wird an den Souverän, also an die mündigen Wahlbürger, zu richten sein.*

Wie deren Antwort am Wahltag, dem 19. November, lauten wird, ist im September noch sehr ungewiss. Steigende Preise, der Rücktritt des populären Wirtschafts- und Finanzministers Karl Schiller, Terrorakte, darunter der Überfall palästinensischer Freischärler auf die israelische Olympiamannschaft – im Laufe des Sommers 1972 war jenes Stimmungshoch für die Brandt/Scheel-Regierung wieder abgezogen, das sich im Mai, nach dem gescheiterten Kanzlersturz, gebildet hatte. Vorübergehend rechneten Koalitionspolitiker sogar mit einem CDU/CSU-Sieg im November.

Doch der Sieg fiel größer als erwartet aus. Erstmals wurde die SPD stärkste Partei im Bundestag, sie erreichte das beste Wahlergebnis ihrer mehr als hundertjährigen Geschichte. Auch die FDP konnte ihren Stimmenanteil wieder steigern. Die Brandt/Scheel-Regierung besaß nun eine stabile Mehrheit von 46 Sitzen.

Wahlkampf 1972

Zu den unfreiwilligen Vätern dieses Sieges gehörten jene früheren Abgeordneten der FDP und SPD, die unter Mitnahme ihres Mandats zu den Unionsparteien übergetreten waren, sowie meist hinter Strohmännern und Strohfirmen verborgene Unternehmergruppen, die unter anderem durch aufwendige Anzeigenkampagnen, zum Beispiel mit den Professoren Ludwig Erhard und Karl Schiller, eigentlich gerade eine zweite sozialliberale Koalition verhindern wollten. Diese finanzstarken, hinter den Kulissen des Wahlkampfs agierenden kleinen Gruppen verstärkten bei vielen Wählern den Verdacht, auch bei den Übertritten von Abgeordneten zu den Unionsparteien sei das «große Geld» im Spiel gewesen. Zum Teil waren es ihre Bündnispartner, die der CDU den Misserfolg eintrugen.

Zum anderen wurde die Haltung der Opposition zu den Ostverträgen von vielen Bürgern nicht verstanden. Die geschickt terminierte Paraphierung des Grundlagenvertrags zwischen der Bundesrepublik und der DDR zwölf Tage vor den Wahlen brachte die Ostpolitik wiederum in aller Munde – und zwar durch einen Vertrag, der den praktischen Nutzen für die Menschen, zumindest dem Buchstaben nach, besonders deutlich machte. Auch das half den Regierungsparteien. Doch die wichtigste Erklärung für ihren Wahlsieg ist wohl diese: Ähnlich wie zu Konrad Adenauers Zeiten war die Wahl vom

19. November in hohem Maße eine Kanzlerwahl. Von den Wahlkämpfern der SPD und FDP sowie zahlreichen Wählerinitiativen unermüdlich auf die Alternative Brandt/Scheel oder Barzel/Strauß verwiesen, entschied sich die Mehrheit für den Kanzler und seinen Stellvertreter.

Sein großer, auch gegen Zweifler in der näheren Umgebung errungener persönlicher Erfolg, das starke Vertrauen, die Zuneigung und Verehrung, die die Wähler ihm entgegenbrachten, die hohe Achtung, die Brandt in allen Erdteilen genoss – dies alles musste der Kanzler als persönliche Bestätigung, als Bestätigung seines besonderen politischen Stils verstehen.

Brandts Grundsatzentscheidungen schon als Außenminister, dann als Kanzler prägten stärker ethische Impulse als machtpolitische Erwägungen und taktisches Kalkül. Vernunft und Moral, Anständigkeit und Toleranz gehörten zu seinem Politikverständnis. Die moralische Glaubwürdigkeit des Kanzlers war ein gar nicht zu überschätzendes Element seines Erfolgs geworden. Sie trug entscheidend dazu bei, die Barrieren des Misstrauens in Osteuropa abzubauen. Im Innern wurde sie zu einem wichtigen Faktor des Koalitionszusammenhalts, denn der kleinere, in den ersten Jahren nach 1969 ums Überleben kämpfende Partner hatte eine Sicherheit: die Fairness, die Verlässlichkeit des Kanzlers. Bei Meinungsverschiedenheiten, so schreibt Horst Ehmke in seinen Erinnerungen, gab Brandt stets die Parole aus: *Right or wrong – my Scheel*.

Zusammen mit Gustav Heinemann, dem anderen Moralisten, gelang es Brandt, die Kluft zwischen Macht und Geist zu überbrücken; Gleichgültigkeit und Feindschaft von Intellektuellen und Künstlern gegenüber der Politik in Bereitschaft zum Mitdenken und Mitarbeiten zu verwandeln. Zum Teil dieselben Deutschen, besonders viele Frauen, die den «schlauen und gerissenen Fuchs», den Menschenverächter, von Zweifeln an sich selber nicht geplagten Konrad Adenauer so bewundert hatten, verehrten nun «den guten Menschen von der SPD».

Ein Moralist an der Regierungsspitze – ergaben sich daraus auch Nachteile für die Politik? Gehörte zur möglichen Kehr- und Schattenseite ein Schuss Blauäugigkeit des Kanzlers? Beruhte seine Vorstellung von Politik auf einer zu optimistischen Vorstellung vom Menschen?

Erfahrungen in der Politik, mit besonders guten Freunden und besonders schlimmen Feinden, viel Erfahrung mit sich selbst, größere Niederlagen, größere Erfolge als andere Bürger – wo sollen da Illusionen über Menschen wachsen? Wer zur Toleranz und zum Mit-Leiden aufruft, wie Brandt es tat, muss von den Schwächen der Menschen vieles wissen. *Ich möchte noch eines wünschen, Genossinnen und Genossen – mit zu berücksichtigen, dass der Mensch leider nicht so gut ist, wie wir ihn in einem unserer schönen Lieder darstellen* – der Satz fiel in Brandts Jungfernrede auf einem SPD-Parteitag, in Hamburg 1950. Der Friedensnobelpreisträger verwies viele Jahre später auf die beiden Seiten menschlichen Verhaltens: Aggressivität und Brüderlichkeit, Vernunft und Fähigkeit zur Selbstzerstörung, *viel Verwirrung, Eskapismus und Simplifikation. Hier mangelte Verantwortungsbewusstsein, dort fehlte Phantasie. Aber ich habe auch erfahren, was Überzeugungstreue, Standhaftigkeit und Solidarität bedeuten können.*[180]

Trotz aller Einsicht – zu große Arglosigkeit, ungerechtfertigtes Vertrauen, überstrapazierte Loyalität, ungenügende Menschenkenntnis bei personalpolitischen Entscheidungen gehören zu der Bilanz der Kanzler-Jahre Brandts. Auch unzulängliche Mitarbeiter und glücklose Minister wurden von diesem Kanzler «nicht im Stich gelassen». Im Stich gelassen wurde hauptsächlich er selbst. Obwohl Brandt im Umgang mit Journalisten mehr als einmal feststellen musste, dass streng vertrauliche Informationen nicht vertraulich blieben, gewöhnte er sich Vertrauensseligkeit nicht ab. Auf illoyales Verhalten von Kabinetts- sowie Fraktionsmitgliedern (Schiller, Hupka) reagierte er eher mit Vertrauensgesten als mit dem Entschluss zu schneller Trennung.

In der Presse sind die Schwächen der Personalpolitik des Bundeskanzlers als mangelnde Härte gedeutet und auch damit erklärt worden, dass Brandt fremde Gesichter in seiner näheren Umgebung scheute, Unangenehmes wie Entlassungen von sich wegzuschieben versuchte. Hinzu mag kommen, dass ein

Politiker, der zu starker selbstkritischer Reflexion neigte, der, wie Brandt, mit einer «Befähigung zur melancholischen Betrachtung» ausgestattet war, eher verständnis-, ja mitleidsvoll auf Schwächen reagierte und auch deshalb Rückstufungen scheuen mochte. Und umgekehrt: Der besondere Erfolg des Kanzlers stärkte das Vertrauen in die Überzeugungs- und Wirkungskraft der eigenen Person; der Gedanke an mögliche Illoyalität passte schlecht in solch ein Eigenbild und wurde – vielleicht – schnell verdrängt.

Einige der Männer, die im Kanzleramt zu Brandts engsten Mitarbeitern gehörten, Egon Bahr, Günter Gaus, Klaus Harpprecht, hatten bei allen Unterschieden sicherlich eines gemeinsam: Freude am Sinnieren, Spekulieren, Formulieren, die Lust am Politisch-Philosophischen. Solche Eigenschaften und Interessen kamen dem Politikverständnis Brandts entgegen. Seit seiner Jugend bestand die starke Neigung zum politischen Entwurf. Wie Ernst Reuter wurde John. F. Kennedy zum Vorbild Brandts, wo er Politik als frühzeitiges Erkennen langfristiger Tendenzen und Verwirklichung von darauf abgestellten Denkmodellen betrieb, wo er sich zugleich bemühte, das für die Durchsetzung solcher Vorstellungen und Ziele notwendige gesellschaftliche Klima mit herbeizuführen. Langfristige und übernationale geistig-politische Entwürfe sowie ein adäquates Klima sind Brandt ungleich wichtiger gewesen als allen anderen Bundeskanzlern. Diese Neigung zum Visionären, zum in die Zukunft greifenden Denken verführten ihn allerdings gelegentlich bei der Darstellung seiner Vorstellungen zu Unschärfen und zur Einführung politischer Begriffe, die mehr Fragen herausforderten als beantworteten.

Zu starke Orientierung auf den Pragmatismus hatte in den sechziger Jahren geistige Hohlräume entstehen lassen. Brandt bemühte sich durch Vermittlung politischer Wertvorstellungen, diese auszufüllen. Gerade weil er Politik nicht ausschließlich als pragmatisches Alltagsgeschäft verstand, gelang es ihm, die wachsende Verunsicherung vieler Bürger angesichts zahlreicher komplizierter Sachverhalte – eine Verunsicherung, die zum Desinteresse an der Politik tendiert – aufzufangen, Perspektiven erkennbar werden zu lassen, Bereitschaft zu politischer Mitarbeit, demokratischen Bürgersinn zu wecken.

Doch in der beschriebenen Stärke liegt wiederum die Erklärung für eine Schwäche Willy Brandts. Es fehlte ihm zuweilen an Standvermögen im politischen Alltag. Da ihm organisatorische Geschäftigkeit, hemdsärmeliges Zupacken, Politik als «Dünnbrettbohren» nicht lagen, da er auch im positiven Sinn des Wortes kein Funktionär war, stellte sich gelegentlich Verdruss am täglichen Geschäft ein. Da taktisches Durchwinden und mühseliges Durchbringen kleinerer politischer Geschäfte durch unzählige Instanzen nicht seine Stärke war, konnte auf ihn einstürmendes Vielerlei, konnten ihm unzählige Details leicht lästig werden. Dann schaltete er plötzlich ab. Das äußerte sich in Selbstversunkenheit mitten im belebten Politikbetrieb.

Dass Brandt kein geschäftiger Macher war, musste sich auf das Amt des Regierungschefs nicht negativ auswirken. Aber er hatte auch nicht genügend Sinn für diesen Politikertyp und hielt ihn eher auf Distanz. Daraus mag sich erklären, dass er nicht rasch genug reagierte, als die Umstände es erforderten, als dem Alltagsgeschäft absoluter Vorrang eingeräumt und pragmatisch zugepackt werden musste.

Brandts Führungsstil war viel stärker von skandinavischen Erfahrungen als von deutschen Vorbildern bestimmt. Er praktizierte ihn, gleich welche Position er jeweils hatte.

Der Regierende Bürgermeister: *Zu meinem Stil gehört, dass dort, wo ich den Vorsitz habe, selten abgestimmt wird. […] Ich schätze es, eine Frage zu diskutieren, […] die Argumente gegeneinander abzuwägen, zu spüren, was in einer Situation drin ist und was nicht, Änderungen anzuhören und dann meine Entscheidung zu fällen.*

Der Außenminister: *Ich bemühe mich, dort, wo ich Verantwortung trage, nicht anderen nach dem Mund zu reden, aber doch möglichst viel von dem zusammenzufassen, was andere entwickeln, und immer zu versuchen, einen gemeinsamen Nenner herauszuarbeiten. […] Aber nicht, indem man einfach nur summiert, sondern indem man Zielvorstellungen, die man hat, an dem misst, was andere mitzutragen, mitzudenken, mitzugestalten bereit sind.*

Willy Brandt und Walter Scheel arbeiten das Regierungskonzept aus. Fuerteventura, Januar 1973

Der Bundeskanzler: *Ich werde nicht darauf verzichten, zu diskutieren und [...] zu überzeugen – dort, wo man dies kann. Ein Kollegium wie das Bundeskabinett funktioniert sicher nicht gut, wenn es zu häufig vor die Notwendigkeit von Abstimmungen gestellt wird. Es funktioniert auch nicht gut, wenn es zu häufig mit Richtlinienentscheidungen konfrontiert wird.*[181]

Dem zugrunde lagen die Fähigkeit und die Bereitschaft, Meinungen anderer zu achten, zuhören zu können, nicht autoritär befehlen, sondern demokratisch überzeugen zu wollen und sich auch überzeugen zu lassen. Noch mehr – Bedürfnis nach Konsensus. War Brandts Führungsstil nicht geradezu maßgeschneidert für die sozialliberale Koalition? Er bewirkte, dass aus einem Bündnis höchst ungleicher Partner, die im Umgang miteinander nicht die geringsten Erfahrungen besaßen, in kurzer Zeit eine Art Freundschaftsbund entstand. Er war geeignet, auch gegenüber den Sozialdemokraten skeptische Liberale, zum Beispiel den Landwirtschaftsminister Josef Ertl, von der Aufrichtigkeit und Fairness des Koalitionspartners zu überzeugen. Brandts Führungsstil verlieh dem Appell, mehr Demokratie zu wagen, Überzeugungskraft. Nur wer selber demokratisch führte, konnte hoffen, autoritär-hierarchische Umgangsformen abzubauen. Und wohl auch nur mit Brandts Art zu führen ließ sich eine so heterogen zusammengesetzte Millionenpartei wie die SPD der siebziger Jahre leiten, ohne ständig der Gefahr von Absplitterungen an den beiden Flügeln ausgesetzt zu sein.

Wie auch im nicht politischen Bereich korrespondierte die Fähigkeit zu integrieren und zur Konsensusbildung häufig mit der Neigung, Gegensätze eher zu vertuschen als sie auszutragen, auch dann noch zu diskutieren, wenn gehandelt werden musste, Entscheidungen zu verzögern, um sie nicht oktroyieren zu müssen. Sein politischer Stil brachte Brandt ungewöhnliche Sympathie, aber auch schon sehr früh den Vorwurf der Führungsschwäche ein.

Drei Beispiele: Vor dem Berliner Landesparteitag der SPD im Dezember 1961 stellte ihm ein sozialdemokratischer Kreisvorstand «in freundschaftlichem Geist die Frage nach der strafferen Führung». Im April 1971 schrieb ein kluger journalistischer Beobachter in Bonn, Wolfgang Wagner, nur selten spreche der Kanzler «ein entschiedenes Wort». Und Wagner fragte: «Ob erfolgreiches Regieren mit diesen Mitteln möglich ist?» Am Ende seiner ersten Amtszeit als Regierungschef, im September 1972, fragen ihn «Spiegel»-Redakteure, wie in den vorangegangenen zwölf Monaten der Eindruck der Entschlusslosigkeit an der Regierungsspitze habe entstehen können: «Hat Willy Brandt sein Kabinett an zu langem Zügel geführt?» Brandt darauf: *Ja, ja, das kann man so nennen. Ich habe mein Lehrgeld in diesen Jahren noch einmal bezahlen und aus bitteren Enttäuschungen dazulernen müssen, [...] was die Handhabung bestimmter Formen der Zusammenarbeit angeht. Nur, in den Grundfragen des Verhältnisses zu anderen kann keiner den Willy Brandt in dem Alter, das er jetzt erreicht hat, noch ummodeln.* Die Kanzlerkrise 1973/74 kam nicht aus heiterem Himmel.

Starke Widersprüche bestimmten die politische Atmosphäre seit dem Koalitionssieg im November 1972. Auf der einen Seite: außergewöhnlich hohe, zum Teil unbestimmte Wählererwartungen an den Kanzler, der mit der erbetenen Mehrheit ausgestattet worden war; auf der anderen Seite: ein durch die erste Amtszeit, den Wahlkampf und eine Stimmbandoperation erschöpfter Brandt, der mehr Zeit zum Nachdenken haben und zunächst eine ruhigere Gangart einschlagen möchte.

Wahlkämpfer der Koalitionsparteien, denen der Erfolg zu Kopf gestiegen ist, Liberale, die bei der Regierungsbildung *ihr Konto überziehen*, und Sozialdemokraten, die gleich den demokratischen Sozialismus einführen möchten. Damit kontrastieren liegen gebliebene Reformvorhaben, eine überhitzte Konjunktur, steigende Preise, importierte Inflation.

Ein Friedenskanzler, der in zukunftsorientierten Dimensionen denken, Pflöcke für das Jahr 2000 in Europa einschlagen möchte, sieht sich mit einem monatelangen Fluglotsenbummel konfrontiert, mit einem Regierungs-Hickhack um Postgebührenerhöhung, mit der Affäre Steiner/Wienand, ohne dass ihm im Palais Schaumburg ein so gut zuarbeitendes und zupackendes Team (Horst Ehmke, Egon Bahr, Katharina Focke) wie in der ersten Amtsperiode zur Verfügung steht. Helmut Schmidt hatte sich geweigert, Horst Ehmke, der ein hervorragender Kanzleramtsminister gewesen war, auch weiterhin in diesem Amt zu akzeptieren. Brandt hatte nachgegeben.

Im ersten Halbjahr 1973 leidet die Popularität des Kanzlers noch nicht unter diesen Widersprüchen; er kann noch Erfolge buchen. Auf dem sozialdemokratischen Parteitag im April, dem monatelange selbstzerstörerische Auseinandersetzungen innerhalb der SPD vorausgegangen waren, gelang es Brandt, die Richtungskämpfe vorübergehend einzudämmen. In kontroversen Sachfragen blieb umstritten, was unter sozialdemokratischer Politik verstanden werden sollte; in einem waren sich die Delegierten aber einig: in der Verehrung des Parteivorsitzenden. Brandt erschien als Verkörperung eines Ideals – nicht nur in der eigenen Partei. In den Sommermonaten erhielt der Kanzler auf Informationsreisen durch die Bundesrepublik zahlreiche Beweise seiner Popularität. Auch der Breschnew-

| 1973

Besuch in Bonn (Mai 1973) wurde zu einem persönlich-politischen Erfolg des Regierungschefs. Das Interesse der UdSSR an Zusammenarbeit mit dem Westen war nun unverkennbar. Die Ostpolitik trug weitere Früchte und sicherte Bonn eine Schlüsselrolle in der beginnenden europäischen Ost-West-Kooperation. Das erste Auftreten eines deutschen Kanzlers vor dem Plenum der Vereinten Nationen, Brandts UN-Besuch im September, wurde zu einem Empfang der Generalversammlung für den wohl gewichtigsten politischen Sprecher der EG.

Diese Reise nach New York fiel zeitlich mit einem Ereignis zusammen, das den Bundeskanzler bewog, vorzeitig aus den USA zurückzukehren: mit der Brandt-Kritik von Herbert Wehner während einer Parlamentarier-Reise in die UdSSR. Historiker werden daraus vermutlich ein Schlüsseldatum für den Kanzlerrücktritt machen.

Herbert Wehner

Sein Staatssekretär Horst Grabert informiert den Kanzler telefonisch und rät ihm, vorzeitig nach Bonn zurückzukehren. Das geschieht. *Und ...?*, fragt Brandt nach Graberts ausführlichem Bericht. Er, so der Staatssekretär, sei bereit, unverzüglich nach Moskau abzufliegen und dort den SPD-Fraktionsvorsitzenden angesichts des Vorgefallenen zu bewegen, sogleich nach seiner Rückkehr, und zwar noch auf dem Flugplatz, seinen Rücktritt zu erklären. Brandt leuchtet dieser Vorschlag ein, doch möchte er ihn noch einmal überdenken. Am nächsten Morgen spricht er von erheblichen Bedenken, einem möglichen Protest von Seiten der Fraktion, verwirft das Angebot. «Er war in einer Verfassung», wird Grabert im Rückblick äußern, «in der er sich der notwendigen Auseinandersetzung nicht mehr gewachsen fühlte.»

Die starke Wirkung der Wehner'schen Kritik lag weniger in den paar hingeworfenen abschätzigen Bemerkungen vor bundesdeutschen Journalisten. Wehner hatte ihnen gegenüber von überzogenen Forderungen der Regierung in der Ostpolitik gesprochen und von einem Kanzler, der «abgeschlafft», «entrückt» sei. Dass dies in der Sowjetunion ausgesprochen worden war, machte die Sache so prekär; bereits vorhandener Unmut über die Regierung gab ihr das Gewicht. Hier wurde, und zwar von einem Mitglied der sozialdemokratischen Führungsspitze, artikuliert, was andere nur verunsichert erwogen. Obwohl der SPD-Fraktionsvorsitzende nach seiner Rückkehr wiederholt betonte, einzelne seiner Bemerkungen seien gar nicht auf den Regierungschef gemünzt gewesen, gelang es Wehner nicht, den in der Öffentlichkeit entstandenen Eindruck auszulöschen. Es blieb die Vorstellung erhalten, ein Insider habe an der Politik des Kanzlers und an dessen persönlicher Form verbitterte Kritik geübt. Auch spätere Ergebenheitsadressen Wehners, seine Äußerungen über die «geschichtliche Bedeutung Brandts»[182] reparierten nicht den Schaden.

Es mehrte sich Kritik an Brandt, nachdem im Oktober 1973 die Ölkrise hereingebrochen war. Ölförderung und -lieferungen wurden gedrosselt, die Ölpreise zogen an – der Kanzler fuhr zu einem Wochenurlaub nach Südfrankreich. Der Initiator der Sozialdemokratischen Wählerinitiative, Günter Grass, nennt den Kanzler verdrossen, lustlos und entrückt, fordert ihn auf, sich alltäglicher, «weniger statuarisch und geschichtsträchtig» zu geben.[183] In der «Zeit» fragt Theo Sommer, ob Willy Brandt der richtige Kanzler für eine richtige Krise sei. Ende 1973 notieren Meinungsforscher, dass das Bild des Kanzlers in der Öffentlichkeit dem Vergleich zum Vorjahr nicht mehr standhält. Die Zahl der Bürger, die mit der Politik Brandts einverstanden seien, heißt es, sei von 57 % auf 38 % gesunken, die Zahl der Unentschiedenen habe sich verdoppelt.

Zu seinem 60. Geburtstag am 18. Dezember 1973 hat der Kanzler eine ganz besonders schlechte Presse, fast in jedem Artikel erscheint das Wort «Führungsschwäche». Der warmherzige Glückwunsch Walter Scheels verträgt sich nicht ganz mit seiner gerade vorher getroffenen Entscheidung, in der Nachfolge Gustav Heinemanns Bundespräsident zu werden. Scheel muss wissen, dass Brandt Schwierigkeiten haben wird, sich auf einen Vizekanzler und Außenminister Hans-Dietrich Genscher einzustellen. Ein Koalitionsgespann Brandt / Genscher, diese Vorstellung gehört, neben dem eigentlichen Anlass seines Rücktritts, zu denjenigen Umständen, die Brandt ein halbes Jahr später in seinen Rücktrittsgedanken noch bestärken.

Am 4. Januar 1974 notierte Klaus Harpprecht, Mitarbeiter Brandts im Kanzleramt, in seinem Tagebuch: «Am Nachmittag auch langes, sehr offenes Gespräch über Situation, die er [Brandt] in düsteren Farben schildert. Anfang 74 sei zu notieren:

1) die Energiekrise, die auch eine Chance für Reformen ist, doch die Leute wollten von Reformen nichts mehr hören
2) Krise der Koalition
3) Krise der Partei
4) Ergebnis skandinavischer Wahlen, besonders Dänemark, Holland, das englische Fiasko, die italienische Malaise – Krise der europäischen Demokratie
5) Verhältnis zur DDR habe sich nicht so entwickelt, wie zu wünschen wäre
6) Ostpolitik nicht mehr so attraktiv
7) Schwierigkeiten Beziehungen Europa / USA.»

Die Zeitungen kommentieren kaum noch die Politik des Kanzlers, sondern beschäftigen sich fast nur noch mit seinem Formtief. Sie schildern Brandt als resigniert, deprimiert, tief verletzt. Eine besondere Rolle spielt dabei der «Spiegel». Brandt im Kabinett, Brandt im Kreis nur weniger Vertrauter – ein Protokollführer des «Spiegel» scheint stets dabei zu sein. Er meldet, geschmückt mit vielerlei Details, der Kanzler fühle sich am Ende, gehe mit Rücktrittsabsichten um, fühle sich allseits im Stich gelassen.[184] Tatsächlich fühlt sich Brandt im Stich gelassen, in diesem Fall von den Gewerkschaften. Die Ursache ist ein zweistelliger Tarifabschluss im öffentlichen Dienst, gegen den er sich vor dem Parlament unter Hinweis auf die Bemühungen der Regierung um Preisstabilität nachdrücklich ausgesprochen hatte.

Es folgen starke SPD-Verluste bei den Hamburger Bürgerschaftswahlen Anfang März und bei Kommunalwahlen in verschiedenen Teilen der Bundesrepublik. Nunmehr, vor drei weiteren Landtagswahlen noch im Jahr 1974, beginnen alle möglichen Koalitionspolitiker, sich den Kopf des Kanzlers zu zerbrechen. Die einen wollen ihn anstelle Scheels zum Bundespräsidenten machen. Andere möchten für ihn das Kabinett umbilden. Sozialdemokratische Minister suchen nach «Ergänzung seiner Führungsrolle», nach «Entlastung» durch einen «Kissinger der Innenpolitik». Auf fast allen «Ergänzungs- und Entlastungsplänen» steht der Name Helmut Schmidts.

Angesichts der Spekulationen über «Kanzler-Stellvertreter» und angesichts der Wahlverluste überwindet Brandt das Stimmungstief. Müdigkeit und Melancholie fallen von ihm ab. Er beginnt erneut zu kämpfen, zunächst in der eigenen Partei. In einer Zehn-Punkte-Erklärung wendet sich der SPD-Vorsitzende an die Mitglieder und Freunde der Partei, fordert sie auf, sich *nicht entmutigen zu lassen*, die Ursachen der Rückschläge zu untersuchen, gemeinsam mit ihm erneut zu zeigen, *was deutsche Sozialdemokraten zu leisten vermögen*. In Niedersachsen führt der Kanzler einen überzeugenden Wahlkampf. Er arbeitet an Plänen für eine Kabinettsumbildung nach der Wahl von Scheel zum Bundespräsidenten und bereitet eine neue Regierungserklärung vor. In diesen neuen Kanzlerstart platzt die Guillaume-Verhaftung.[185]

Dem Spion aus Ost-Berlin in der Verkleidung eines DDR-Flüchtlings und netten Kumpels war es durch vorgetäuschte sozialdemokratische Gesinnungstreue, durch Fleiß und Organisationstalent gelungen, von der Pike auf von einem SPD-Büro in Frankfurt bis ins Bundeskanzleramt zu kommen. Nur durch Zufall wurde er enttarnt. Danach dauerte es immer noch ein knappes Jahr, bis mit ausreichendem Beweismaterial ein Haftbefehl erwirkt werden konnte.

Als Brandt am 24. April 1974 von einem Staatsbesuch in Algerien und Ägypten zurückkehrt und auf dem Flugplatz unterrichtet wird, sein Referent für Partei- und Gewerkschaftsfragen sei am gleichen Tag verhaftet worden, ahnt noch niemand, dass der Fall Guillaume zum Rücktritt Willy Brandts führen wird. In seinen *Erinnerungen* schreibt er: Dass Guillaumes *Entlarvung das Ende meiner Kanzlerschaft bedeuten würde, ich wusste es nicht und ahnte es nicht einmal* [186].

Günter Guillaume und seine Ehefrau Christel

Ferien in Norwegen. Der Fotograf im Hintergrund: Günter Guillaume

Erst fünf Tage später, während eines nächtlichen Gesprächs mit Staatssekretär Horst Grabert und dem früheren Kanzleramtsminister Horst Ehmke, wird erstmals von Brandt erwogen, ob ein Rücktritt nötig werden könnte. Kurz zuvor war nämlich klar geworden, dass Guillaume noch nach seiner Enttarnung Dokumente von hoher Geheimhaltungsstufe hatte einsehen können; und zwar als er im Sommer 1973 Brandt in den Urlaub nach Norwegen begleitete.

Der Kanzler kann zwar geltend machen, dass sich ihm nach unvollständiger Unterrichtung im Frühjahr 1973 nur als ein vager Verdacht darstellen musste, was dem Verfassungsschutz schon als Tatsache erschien: die Agententätigkeit des Referenten. Er kann sich auch darauf berufen, einer Bitte der Sicherheitsexperten gefolgt zu sein, die ihm von Innenminister Genscher übermittelt worden war, als er Guillaume als Referent in den Urlaub mitgenommen hatte. Allerdings folgte Brandt dieser Bitte, nicht weil er sich als Erfüllungsgehilfe der Sicherheitsbehörden verstand, sondern weil er nach den ihm bekannten lückenhaften Verdachtsmomenten gegen Guillaume an die Berechtigung der Anschuldigung nicht glaubte. Da aber andere die Verantwortung für das, was nach der Enttarnung des Spions geschehen war, nicht tragen wollten und nicht dazu gezwungen werden konnten, lädt sie sich Brandt allein auf: *Mich hat die Frage meiner persönlichen Verantwortung gequält, mehr, als es meine engeren Mitarbeiter für gerechtfertigt hielten, und mehr, als ich es in der Rückschau für gerechtfertigt halte.*[187]

Am 30. April und 1. Mai verbindet sich der Fall Guillaume zum zweiten Mal mit einem anderen Politikum, dem Privatleben des Kanzlers. Durch Justizminister Jahn und Innenminister Genscher über Befragungen ihn begleitender Sicherheitsbeamter informiert, muss Brandt erkennen, dass ähnlich wie in den sechziger Jahren sein Privatleben, nun das melancholischliebevolle Verhältnis eines Sechzigjährigen zu Frauen, von politischen Gegnern mit dem Fall Guillaume verknüpft werden soll. Wer Brandt kennt, weiß, wohin er im Konflikt zwischen Macht und Würde neigen wird.

Wenige Tage später, am 4. / 5. Mai, dem ersten Wochenende dieses Monats, trifft sich Brandt mit führenden Gewerkschaftern und SPD-Politikern in dem Eifel-Kurort Münstereifel. Die Zusammenkunft ist bereits seit längerem geplant. Den engen Mitarbeitern und Vertrauten, Helmut Schmidt, SPD-Geschäftsführer Holger Börner, dem Parlamentarischen Staatssekretär Karl Ravens wird deutlich: Brandt erwägt den Rücktritt. Doch die Gründe, die er nennt, wollen sie nicht akzeptieren. Es sind auch mehr subjektive als objektive Gründe, die sich nur aus der

Persönlichkeit von Brandt erklären. Dieser Kanzler will sich von niemandem nachsagen lassen, er wälze Verantwortung auf andere ab. Dieser Kanzler will Indiskretionen, die nur ihn und seine Frau angehen, nicht in politische Auseinandersetzungen hineingezogen wissen, nicht als Gegenstand hämischer Erörterungen in Boulevardblättern und Illustrierten sehen.

Die Argumente, der Einspruch der Vertrauten gegen seine Rücktrittsüberlegungen blieben auf Brandt nicht ohne Eindruck. Doch musste sich der Kanzler nach den Anfängen einer Vertrauenskrise in den vorangegangenen Wochen fragen, welches Gewicht der Meinungsäußerung der Vertrauten beizumessen sei.

In dieser Situation fällt dem Vorsitzenden der SPD-Bundestagsfraktion, Herbert Wehner, eine Schlüsselrolle zu. Aufgrund dessen, was vorangegangen ist, aufgrund seiner Brandt-Kritik vom vorigen Herbst wird der SPD-Fraktionsvorsitzende nun zum Repräsentanten aller in der SPD, die an diesem Kanzler inzwischen Zweifel angemeldet haben. Brandt kann, wie die Dinge liegen, nicht weiterregieren ohne absolute Loyalität aus diesem Lager.

Wehner hat nach seinen eigenen Worten Brandt versichert, er werde zu ihm stehen, wie immer die Entscheidung ausfallen möge. Aber Brandt hat allen Grund, Wehner, wie schon seit langem, zu misstrauen. Längst ist ihm bewusst, so Klaus Harpprecht in seinem Tagebuch, dass dieser Genosse «durch seine bloße Existenz, sein bloßes Dasein die Autorität des Kanzlers permanent in Frage stellt». Das Verhältnis der beiden wird von gegenseitigem Misstrauen bestimmt, und Brandt bereut seit langem, dass er nach Wehners abfälligen Äußerungen über ihn in der UdSSR nicht den Bruch mit diesem Mann riskierte. Auch jetzt wieder, hier in Münstereifel, hat der SPD-Fraktionsvorsitzende unter Hinweis auf ein Dossier des Verfassungsschutzes über Damenbekanntschaften Willy Brandts hinterhältig die Möglichkeit ins Spiel gebracht, dass der Bundeskanzler erpresst werden könnte.

«Nach dem, was Brandt mir später berichtete, war für seinen Entschluss Wehners Verhalten ausschlaggebend», schreibt

BUNDESREPUBLIK DEUTSCHLAND
DER BUNDESKANZLER

Der Rücktrittsbrief

Horst Ehmke.[188] Am Abend des 5. Mai entwirft Brandt seinen Rücktrittsbrief. Am 6. Mai, 22 Uhr 30, verlässt er das Bundeskanzleramt.

Dem vorübergehenden Gefühl der Erleichterung folgen bald Fragen und Skrupel, ob die Amtsaufgabe nicht übereilt gewesen sei. Mit den Jahren wächst die Überzeugung, es wäre richtiger gewesen *aufzuräumen*, anstatt das Feld zu räumen.[189] Bis in die letzte Lebenszeit wird Brandt Verschwörungen nachspüren, ein längeres Papier *Notizen zum Fall G.* verfassen und Herbert Wehner verdächtigen, im Bunde mit «der anderen Seite», mit Honecker, ihn, Brandt, aus dem Amt getrieben zu haben.[190]

Im Zusammenhang mit dem Rücktritt schreibt Rut Brandt: «Er verwandt es nie.» So muss es gewesen sein.

Wo liegen Verdienst und Leistung des Bundeskanzlers Willy Brandt, die Bestand haben werden?

Widerwillig, halb gezwungen folgten die Sozialdemokraten ihren Führern in die Große Koalition ab 1966. Erst dem Bundeskanzler und SPD-Vorsitzenden Willy Brandt gelang es, in dem von ihm begründeten Bündnis mit den Liberalen die traditionelle Oppositionspartei in eine Regierungspartei umzuwandeln. Ab 1969 begann die deutsche Sozialdemokratie zu begreifen, dass Machtgewinnung und -erhaltung Bündnisbereitschaft und Bündnisfähigkeit voraussetzt. In dem Maße, in dem sie selber die neu gewonnene Verantwortung und Rolle annahm, akzeptierten auch die Bundesbürger eine sozialdemokratisch geführte Bundesregierung als Normalität, als eine von mehreren Möglichkeiten nach Wahlen. Die Demokratie gewann eine höhere Qualität, als die Opposition sich zum Regieren entschloss und die Bürger Machtwechsel als Selbstverständlichkeit, als etwas ganz Normales zu begreifen lernten.

In der Innenpolitik bemühte sich Brandt, die großen Ziele der Sozialdemokratie, das Streben nach «Freiheit, Gerechtigkeit und Solidarität» (Godesberger Programm) in ein groß angelegtes Reformprogramm der sozialliberalen Koalition umzusetzen. Damit wurde die revolutionäre Unruhe in Teilen der Jugend kanalisiert und der unter dem Eindruck der Studentenrebellion verunsicherten älteren Generation neue Zuversicht gegeben. Brandt bewies Sinn für Kontinuität und Tradition in seiner eigenen Partei – doppelt wichtig in Phasen des Übergangs, des Rollenwechsels –, Gespür für das, was man den Zeitgeist nennt, und die Begabung, einer unruhigen Gesellschaft Orientierung zu geben und Ziele zu vermitteln.

Etliches am innenpolitischen Reformprogramm der Brandt/Scheel-Regierung ist umstritten. Überschwang und falsches Augenmaß, die ungenügende Beachtung dessen, was

Priorität zu haben hat – die Kritik besteht zu Recht. Aber es bleibt Brandts Verdienst, viele Bürger überzeugt zu haben, dass die Demokratie nur dann auf Dauer überleben kann, wenn sie genügend Kraft zur Regeneration, zur Veränderung durch Reformen aufbringt. Zu Beginn der siebziger Jahre setzten zahlreiche Menschen wieder Idealismus und moralisches Engagement für die Demokratie in Deutschland ein und waren bereit, Mitverantwortung zu tragen. Auch das hob die Demokratie auf eine höhere Stufe.

Der Wahlsieg Brandts vom November 1972 wurde zur Wendemarke in der SPD-Geschichte. Zum ersten Mal stellte die größte Partei in der Bundesrepublik auch die stärkste Fraktion im Deutschen Bundestag, denn zum ersten Mal war es unter der Führung Willy Brandts gelungen, große Teile der Arbeiter und des Mittelstands, der Mitte zu gewinnen. Die Wandlung der SPD von der Arbeiter- zur Volkspartei ist durch die Person und Politik des Kanzlers Brandt auch in jenen Bevölkerungsgruppen glaubwürdig geworden, die im Godesberger Programm taktisches Kalkül vermutet hatten.

Willy Brandts Ost- und europäische Entspannungspolitik hat die Gefahr außenpolitischer Isolierung Bonns gebannt und bei voller Anerkennung dessen, was zwischen Demokratien und kommunistisch regierten Staaten in Europa unvereinbar blieb, einige hohe Hindernisse für die gesamteuropäische Kooperation aus dem Weg geräumt. Die Ostverträge milderten die Folgen der deutschen Teilung für die Menschen und dienten der Spannungsminderung in Berlin. In allen Teilen der Welt erwarb sich die Bundesrepublik Ansehen und Vertrauen durch ihr Bemühen um Verständigung und Frieden. Die Bundesdeutschen gewannen, jedenfalls im Ansatz, einen realistischen Patriotismus, der Selbstbewusstsein mit europäischer und weltpolitischer Verantwortung verbindet. Sie begriffen, dass im Atomzeitalter Konflikte nicht mit militärischen Mitteln zu lösen sind, sondern Feindbilder abgebaut und friedliche Übereinstimmungen gefunden werden müssen. In Europa entstand ein neues Deutschlandbild, eine wichtige Voraussetzung der späteren Vereinigung.

Auf eine ganz andere Weise als Konrad Adenauer gewann Willy Brandt das Vertrauen und die Zuneigung vieler Bürger. Sie sahen in dem Bundeskanzler einen Menschen, der ihren Wunsch nach mehr Gerechtigkeit teilte und ihre Sehnsucht nach mehr Toleranz und Nächstenliebe. Aus der Erfahrung mit sich selber wussten sie, wie schwer es ist, hohen Ansprüchen gerecht zu werden; wie oft der Mensch an sich selbst und anderen scheitert. Sie kannten seine Melancholie wie seine Zuversicht aus eigenem Erleben. Sie liebten ihn wegen seiner Vorzüge und Schwächen.

Weltbürger und Patriot (1974 – 92)

Leicht war die Zeit nicht, die dem Rücktritt folgte.[191] Mehrere Jahre brauchte Brandt, um mit der neuen Situation halbwegs zurechtzukommen. Doch dann, zu einer Zeit, da andere in die Rente gehen, gelang ihm noch einmal der Einstieg in die große Politik. Und sein Wirken reichte weit über den europäischen Bereich hinaus.

Schon zu Beginn der siebziger Jahre überzeugten der österreichische Bundeskanzler Bruno Kreisky und der Schwede Olof Palme den Zögernden, die Präsidentschaft der Sozialistischen Internationale (SI) zu übernehmen. Die ihn 1976 in Genf wählenden Vertreter dieses lockeren Zusammenschlusses der Parteien des demokratischen Sozialismus sahen in dem deutschen Friedensnobelpreisträger nicht nur den Begründer einer neuen Ost- und Entspannungspolitik; er hatte sich zusätzlich ihre Hochachtung erworben durch seine Verdienste um die Demokratie in Südeuropa.

Mitte der siebziger Jahre, nach dem Sturz der griechischen Obristen, dem Tod des spanischen Diktators Franco und dem erfolgreichen Militärputsch gegen das Salazar-Regime in Portugal fürchtete Washington wachsenden kommunistischen Einfluss in diesem Teil des Kontinents, und in Moskau keimte Hoffnung, Portugal mit Hilfe der dortigen KP womöglich aus der NATO herauszubrechen. In dieser Situation gelang es Brandt mit einigen Vertrauten, die Sowjets von möglichen politischen Abenteuern in dieser Richtung und die Amerikaner vor übereilten Interventionen abzuhalten. Gleichzeitig unterstützte die SPD die demokratischen Kräfte in Spanien und Portugal. 1976 wurde der Sozialist Mario Soares Ministerpräsident in Lissabon, 1982 folgte ihm Felipe González in Madrid. «Es ist […] nur gerecht anzuerkennen», schrieb dieser später, «dass das Verhalten Willy Brandts für die Gestaltung der demokratischen Prozesse auf der Iberischen Halbinsel entscheidend war.»[192]

1975 hatte der SPD-Vorsitzende Brandt begonnen, seine außenpolitischen Vorstellungen von einer neuen sozialdemokratischen Bündnispolitik durch Zusammenarbeit mit antikolonialistischen, liberalen und progressiven Parteien hauptsächlich in den Entwicklungsländern im Rahmen einer zu schaffenden weltweiten «Allianz für Frieden und Fortschritt» zu verwirklichen.[193] Jetzt brachte er dieses Konzept mit in sein neues Amt. Unter ihrem neuen Präsidenten überwand die Internationale ihren traditionellen Eurozentrismus, öffnete sich nahe stehenden Parteien, knüpfte Kontakte zu Befreiungsbewegungen der Dritten Welt und erweiterte so ihren Einflussbereich beträchtlich.

Drei Regionen erhielten einen besonderen Stellenwert: Lateinamerika, das südliche Afrika und der Nahe Osten. Drei Männer standen dabei Brandt zur Seite, denen er sich besonders eng verbunden fühlte. Mit Blick auf Lateinamerika und die Karibik engagierte sich González, zu dem der alternde Brandt sich wie zu einem Ziehsohn hingezogen fühlte. Olof Palme, mit Brandt seit zwanzig Jahren befreundet, schuf Verbindungen zu den Befreiungsbewegungen im Süden Afrikas. Und Bruno Kreisky, Brandt seit den Jahren der Emigration in Schweden verbunden, engagierte sich, um Wege zu einer haltbaren Friedensordnung im israelisch-arabischen Konflikt auszumachen – ein Thema, das die Gremien der SI damals am häufigsten beschäftigte.

1978 gelang es dem österreichischen Bundeskanzler, zwei Hauptkontrahenten zu Verhandlungen an einen Tisch zu bringen. Zusammen mit Brandt traf er sich mit dem ägyptischen Präsidenten Mohammed Anwar As Sadat und dem Führer der oppositionellen israelischen Arbeiterpartei Shimon Peres. Ein Jahr später kam es zu einem damals höchst umstrittenen Meinungsaustausch der beiden Europäer mit dem Palästinenserführer Jassir Arafat in Wien. Aber erst in den neunziger Jahren sollte sich zeigen, dass die schon damals angestrebte gegenseitige Anerkennung der Konfliktparteien, die Garantie der Exis-

145

tenz des Staates Israel, verbunden mit einer Politik des Interessenausgleichs, die einzig möglichen Wege zum Frieden im Nahen Osten sind.

Mitte der achtziger Jahre unternahm Brandt als Präsident der SI mehrere große Reisen. 1984 besuchte er China sowie elf lateinamerikanische Staaten und im Jahr darauf die mittel- und osteuropäischen Länder, ausgenommen Rumänien. Im März 1985 hatte Michail Gorbatschow die Führung des Sowjetstaates übernommen und Brandt als ersten westlichen Politiker nach Moskau eingeladen. Diesem ging es hauptsächlich um zwei Themen: Er versuchte auszuloten, welche Chancen für eine zweite Phase der Ostpolitik bestanden, gekennzeichnet durch eine schrittweise wirkungsvolle Abrüstung. Und da er früher als andere erkannte, dass KP-Führer im Ostblock zu begreifen lernten, wie notwendig innenpolitische Reformen waren, die Modernisierung der Wirtschaft und die Demokratisierung der Gesellschaft, beschäftigte ihn zugleich die Frage, wieweit dieser Prozess vom Westen her beeinflussbar sei und Elemente des demokratischen Sozialismus für Osteuropa auf längere Sicht bestimmend werden könnten.

Das bleibt im Rückblick am stärksten im Gedächtnis: Zu einer Zeit, da der Ost-West-Konflikt auch die Nord-Süd-Beziehungen bestimmte, versuchte Brandt als Präsident der SI durch eine breit angelegte Bündnispolitik in verschiedenen Teilen der Erde Abhängigkeiten von den Großmächten, etwa junger afrikanischer Staaten und Befreiungsbewegungen von Moskau, abzuschwächen, der Einflussnahme, etwa Washingtons in der Karibik und in Lateinamerika, entgegenzuwirken, mögliche Bedrohungen durch die beiden Supermächte abzuwenden und im Wettkampf der Systeme zumindest außenpolitisch dritte Wege aufzuzeigen.

Ende November 1976, anlässlich seiner Wahl durch die SI in Genf, hatte Brandt auch dazu aufgerufen, energischer den Hunger zu bekämpfen und den Entwicklungsländern mehr zu helfen. Fast unmittelbar darauf wird er zu diesem Thema persönlich in die Pflicht genommen. Um die Jahreswende 1976/77 fragt der Präsident der Weltbank, Robert McNamara, bei ihm

Bei einer Wanderung der SPD im Teutoburger Wald, 1976

an, ob Brandt bereit sei, *eine unabhängige internationale Kommission zusammenzubringen und zu leiten, die der Entwicklungspolitik neue Impulse verleihen und Empfehlungen zu Papier bringen würde* [194]. Brandt sagt zu. Es gelingt ihm, so unterschiedliche Politiker wie den britischen Konservativen Edward Heath und Olof Palme, «Radikale» aus Algerien und Tansania, einen kanadischen Gewerkschaftsführer, Vertreter sowohl der Industrie- als auch der Entwicklungsländer zu gewinnen.

Ende Dezember 1977 konstituiert sich die Kommission, und nach zweijährigen Beratungen legt sie im Februar 1980 dem Generalsekretär der Vereinten Nationen ihren Bericht vor. Dessen Bedeutung besteht vor allem in einer neuen Sichtweise der Probleme, in der Darlegung ungenügend beachteter Zusammenhänge. Die Kommission will deutlich machen, dass Hunger und Krieg, Rüstung und Rückschritt nicht voneinander zu trennen sind und es deshalb im Interesse aller Nationen liegen muss, wenigstens *einen Teil der unproduktiven Ausgaben für Waffen in produktive Aufwendungen für Entwicklungsaufgaben umzuleiten.* Es geht ihr nicht um Wohltätigkeit gegenüber den armen Ländern, sondern um die Wahrnehmung gegenseitiger Interessen, die Bedingungen gemeinsamen Überlebens.[195]

Obwohl, dem Vorschlag der Nord-Süd-Kommission folgend, Repräsentanten von zweiundzwanzig Staaten 1981 zu einem Nord-Süd-Gipfel in Mexiko zusammenkamen, obwohl dem ersten ein zweiter Kommissionsbericht folgte und das internationale Echo jedes Mal beachtlich war, *blieb der Niederschlag im praktischen Regierungshandeln eher bescheiden.*

In dem Maße, in dem sich die wirtschaftliche Situation in den Industriestaaten im Laufe der achtziger Jahre verschlechterte und der amerikanische Präsident Ronald Reagan eine Hochrüstungspolitik betrieb, verringerte sich der Stellenwert der Entwicklungspolitik. Für dringende Reformen, die die Kommission empfohlen hatte, fehlten finanzielle Mittel. Noch in den letzten Jahren vor seinem Tod warnte Willy Brandt, angesichts der deutschen Einheit und der neuen Chancen für Europa nicht jene Millionen Menschen zu vergessen, *die es sehr viel schlechter haben und die doch unsere Partner sind in dieser Welt und nicht nur einfach die ganz armen Verwandten*[196].

Die Leitung der Nord-Süd-Kommission war für ihn *zu einem unvergesslichen Lernerlebnis geworden.* Der Junge hatte sich in der sozialistischen Jugendbewegung für die antikolonialistischen Unabhängigkeitsbewegungen begeistert, der Außenminister der Blockfreienbewegung in der Dritten Welt besondere Sympathie gezollt, der Bundeskanzler den Frieden in Europa sicherer gemacht. In dem darauf folgenden Jahrzehnt begriff er, dass das Überleben der Menschheit entscheidend von den Nord-Süd-Beziehungen abhängen wird, Friedenspolitik im Weltmaßstab vor allem der Entwicklungspolitik bedarf. Darum gründete er unter anderem die überparteiliche Stiftung Entwicklung und Frieden in der Bundesrepublik, ein weit über seinen Tod hinaus wirkendes Forum für die Diskussion über Zukunftsprobleme der zusammenwachsenden Weltgesellschaft.[197]

Ähnlich wie in seinen neuen Ämtern ging es Brandt auch in seinem alten, als Vorsitzender der SPD, hauptsächlich um Aufgeschlossenheit gegenüber neuen Strömungen, um weite

Bündnisse und zukunftsweisende Entwürfe. Dabei geriet er ab Mitte der siebziger Jahre in einen kaum lösbaren innerparteilichen Konflikt. Zwei Ziele bestimmten seine Politik: Brandt hatte sich vorgenommen, trotz aller Schwierigkeiten den Zusammenhalt der SPD zu wahren und dabei gleichzeitig die um diese Zeit entstehenden außerparlamentarischen Bewegungen in der Bundesrepublik in die SPD zu integrieren. Einheit in der Vielfalt – das ist schon schwer genug. Aber dem Parteivorsitzenden musste zugleich daran gelegen sein, Helmut Schmidt den Rücken freizuhalten und *auf keinen Fall zuzulassen, dass die eigentliche Partei dem eigenen Bundeskanzler die Vertrauensbasis entzieht* [198]. Es sollte sich zeigen, dass diese Ziele unvereinbar waren. Während er versuchte, sich dem einen zu nähern, entfernte er sich von dem anderen, und im Endergebnis gelang ihm weder, die Türen der Partei zu öffnen, noch dem Anspruch des Kanzlers auf absolute Parteiloyalität gerecht zu werden.

In der zweiten Hälfte der siebziger Jahre entstanden in der Bundesrepublik eine neue Frauenbewegung, hauptsächlich im Widerstand gegen die Nutzung der Kernkraft die Ökologiebewegung und schließlich, als Reaktion auf den so genannten NATO-Doppelbeschluss, eine kraftvolle Friedensbewegung. Wer die damit verbundenen großen Ziele in tatsächliche Politik umsetzen wolle, warb Brandt, müsse sich gleichzeitig seiner Partei anschließen. Das wollten weit weniger Menschen tun, als er erhoffte. Sie sahen in der SPD die Trägerin einer Regierung, deren Energie-, Umwelt- und Sicherheitspolitik ihre Proteste galten. Und es bot sich ihnen eine Alternative an: die 1980 auf Bundesebene gegründete Partei der Grünen, der bereits drei Jahre später der Einzug in den Bundestag gelang.

Während sich die Grünen noch konstituierten, wuchsen die Widersprüche zwischen der Politik der sozialliberalen Koalition unter Helmut Schmidt und immer größeren Teilen der SPD. Insbesondere der Streit um den NATO-Doppelbeschluss führte zu starken innenpolitischen Verwerfungen.

Nach der Stationierung moderner sowjetischer Mittelstreckenraketen vom Typ SS 20 sah die Regierung Schmidt das militärische Gleichgewicht zwischen der NATO und dem Warschauer Pakt bedroht und setzte sich als Antwort darauf für die Stationierung neuer amerikanischer Atomwaffen in Westdeutschland und anderen NATO-Staaten ein. Im Dezember 1979 kam es zu dem umstrittenen Brüsseler Doppelbeschluss, der die Stationierung amerikanischer Cruise Missiles und Pershing II vorsah, falls gleichfalls angebotene Verhandlungen mit der UdSSR binnen vier Jahren zu keinem Ergebnis führen würden. Als Reaktion darauf fand die Friedensbewegung in der Bundesrepublik massenhaften Zustrom, und auch in der SPD schlugen die Wellen des Protestes hoch. Die Rüstungsschraube, so fürchtete man, werde auf diese Weise immer höher gedreht. Der SPD-Parteivorsitzende probte den Balanceakt.

Gegen starke eigene Bedenken, doch um den Verdacht zu widerlegen, seine Partei ließe Helmut Schmidt im Stich, setzte Brandt durch, dass sich die SPD öffentlich zur NATO und zum Doppelbeschluss bekannte. Doch gab sie gleichzeitig zu erkennen, ihre ganze Hoffnung auf die ‹auflösende Wirkung› des Beschlusses zu setzen: Durch erfolgreiche amerikanisch-sowjetische Verhandlungen, die auch im November 1981 begannen, sollte die Stationierung des *Teufelszeugs* verhindert werden.

Der Einfluss der Friedensbewegung in der SPD wuchs; viele Parteimitglieder lehnten eine weitere atomare Rüstung ohne Wenn und Aber ab. Dem Bundeskanzler reichte die angebotene Unterstützung nicht. Er hatte immer stärker das Gefühl, Brandt arbeite ihm entgegen. Zeitweise erwog dieser, auch das Parteiamt aufzugeben. Der Balanceakt war misslungen.

Zwei schwere Niederlagen zu Beginn der achtziger Jahre beenden die Identitätskrise, in die der Vorsitzende und seine Partei geraten waren. Im Spätsommer 1982 befinden die Freien Demokraten, die Gemeinsamkeiten in der Regierung mit der SPD seien verbraucht, die Zeit sei reif für einen Wechsel. Am 1. Oktober wird Bundeskanzler Schmidt durch ein Misstrauensvotum im Bundestag gestürzt, Helmut Kohl zu seinem Nachfolger gewählt.

Am 3. Oktober 1983 spricht Willy Brandt auf einer Großkundgebung der Friedensbewegung in Bonn. Doch alle Proteste können nicht verhindern, dass nach dem Scheitern der amerikanisch-sowjetischen Verhandlungen im November die ersten Pershing angeliefert werden – auch dies eine Niederlage für die SPD. Ihr Parteitag, ebenfalls im November, spricht sich nun ohne jede Rücksicht auf den abgewählten Kanzler Schmidt mit 422 zu nur dreizehn Gegenstimmen eindeutig gegen eine Nachrüstung in Deutschland aus. Die Partei war zwar, und das weit länger, als sie es damals noch für möglich hielt, aus der Regierungsverantwortung verdrängt, aber für ein paar Jahre lebte sie nun wieder halbwegs mit sich selbst im Reinen.

Willy Brandt, seit zwanzig Jahren im Parteiamt, bedrücken zunehmend das Einerlei der organisatorischen Geschäfte, Wichtigtuerei im Apparat, Querelen zwischen einzelnen Gruppen, ein von Routine bestimmter Parteialltag bar jeder Intellektualität. Deshalb lässt er die engere Parteiführung wissen, dass er ab 1988 nicht mehr für den Vorsitz zur Verfügung stehen werde. Doch dann tritt er plötzlich, schon im März 1987, vom Parteivorsitz zurück.

Was war geschehen? Die Parteiführung suchte einen neuen Sprecher, genauer, eine Sprecherin, denn man war übereingekommen, das Amt erstmals einer Frau zu übertragen. Brandt meinte, die Richtige gefunden zu haben: eine parteilose junge Griechin namens Margarita Mathiopoulos – ein lebendiger Beweis, so dachte er, für die Offenheit und Weltläufigkeit der SPD. Alsbald unterbreitete er seinen Personalvorschlag den Gremien. Horst Ehmke, einer seiner treuesten Gefährten, hat Brandts Vorschlag im Nachhinein, in seinen Memoiren, «eine Narretei» genannt. Der jungen Frau fehlten überzeugende Voraussetzungen für diese Funktion, jegliche Kenntnis des Parteienlebens. Auch mussten sich Hunderttausende weiblicher Parteimitglieder fragen, ob unter ihnen keine einzige geeignete Bewerberin zu finden sei. Jedenfalls *setzte in Teilen der Partei und besonders heftig in den Reihen der Abgeordneten ein Sturm der Entrüstung ein.* Brandt reagierte überraschend brüsk, warf den Kritikern nationale sowie parteiliche Engstirnigkeit vor und zog sich beleidigt von seinem Amt zurück.

Doch bot die aktuelle Kontroverse nur den relativ nichtigen Anlass. Der Vorsitzende war des Parteiamts und damit verbundener anderer Querelen überdrüssig.

Die Verabschiedung Brandts und seine Wahl zum Ehrenvorsitzenden auf einem Sonderparteitag am 14. Juni 1987 in Bonn wurden zu einem Höhepunkt in der Parteigeschichte. Mit Willy Brandt, dem nach August Bebel und Kurt Schumacher bedeutendsten Führer der SPD im 20. Jahrhundert, verabschiedete seine Partei den letzten Vorsitzenden, der noch in der alten Arbeiterbewegung aufgewachsen war, etwas von ihrem Geist und ihren Idealen in sie hineingetragen und doch gleichzeitig auch daran mitgewirkt hatte, sie in eine moderne Volkspartei umzuwandeln. In einer großen Rede erinnerte er noch einmal daran, worauf deutsche Sozialdemokraten stolz sein können: *Nie waren wir an der Seite*  *derer, die Krieg anfingen und Knechtschaft über unser Volk brachten. Wir haben vielmehr dafür gearbeitet, dass aus Millionen geschundener Proletarier und unmündiger Frauen selbstbewusste Staatsbürger werden konnten.*[199]

Als Bundespräsident Richard von Weizsäcker im Januar 1989 eine Anzahl international hoch angesehener Politiker,

Geburtstagsempfang des Bundespräsidenten Richard von Weizsäcker für Willy Brandt am 20. Januar 1989 in der Villa Hammerschmidt. In der ersten Reihe (v. l. n. r.): Marianne von Weizsäcker, François Mitterrand, Brigitte Seebacher-Brandt, Willy Brandt, Richard vor Weizsäcker, Mario Soares und Shimon Peres; in der zweiten Reihe links Helmut Kohl

Präsidenten und Regierungschefs in die Villa Hammerschmidt einlud, um den fünfundsiebzigjährigen Brandt zu ehren, erschien dessen Lebenswerk abgeschlossen und vollendet. Doch noch einmal forderte ihn die Politik heraus. Und er fand es auch *ganz schön, erleben zu können, dass man in der Abendsonne mehr aufgescheucht wird, als man es sich eigentlich vorgestellt hatte*[200].

Zu Beginn der achtziger Jahre hatte Willy Brandt sich von seiner Frau Rut scheiden lassen und in dritter Ehe die junge Historikerin Brigitte Seebacher geheiratet. Sie wohnten in einer Penthouse-Wohnung in Unkel am Rhein, nahe Bonn. Am 9. November 1989 zogen die Brandts in ihr neues Haus direkt am Rhein und legten sich früh schlafen. Morgens zwischen vier und fünf Uhr klingelte das Telefon, am Apparat ein Rundfunkredakteur. «Ich weckte meinen Mann», berichtet seine Frau[201], «jemand behaupte, die Mauer sei auf, ‹und er will dich interviewen›. Er guckt, sagt nichts, steht auf, nimmt den Hörer und lernt nun aus den Fragen, was sich in der Nacht abgespielt hat. […] Nie war er jünger als in jenem Augenblick, in dem er sagte: ‹Das ist es.›» Wenige Stunden später stieg er in eine britische Militärmaschine nach Berlin. Während des Flugs notierte er für seine Rede am Abend jenen Satz, der zum Leitmotiv der deutschen Einigung werden sollte: *Jetzt wächst zusammen, was zusammengehört.*

Noch einige Jahre zuvor hatte Brandt gemeint, dass die Deutsche Frage im Sinn der staatlichen Einheit nicht mehr offen und es deshalb nötig sei, für eine nicht begrenzte Zeit zu einem kooperativen Miteinander der beiden deutschen Staaten zu gelangen.[202] Aber im Lauf des Jahres 1989 entstand eine neue Situation in Osteuropa, gekennzeichnet durch Reformversuche von oben sowie wachsenden Protest von unten, durch die Massenflucht von DDR-Bürgern nach Ungarn und nach Prag sowie die Ablösung des reformunwilligen Erich Honecker in Ost-Berlin. Brandt begriff und sprach es offen aus, dass *eine Zeit zu Ende geht*[203] – eben jene, für die seine bisherige Prognose gegolten hatte. Nun eröffneten sich neue Perspektiven.

Tief bewegt, mit Tränen in den Augen, stand der frühere Regierende Bürgermeister von Berlin, in dessen Amtszeit der Mauerbau gefallen war, am Abend nach der Maueröffnung zusammen mit anderen bundesdeutschen Politikern vor dem Schöneberger Rathaus und sprach zu den Tausenden, die sich erstmals wieder aus beiden Teilen der Stadt hier versammelt hatten. Dessen ist Brandt sich an diesem Abend sicher, dass

«Jetzt wächst zusammen, was zusammengehört»: Willy Brandt spricht bei der zentralen Kundgebung zur Maueröffnung am 10. November 1989 vor dem Schöneberger Rathaus in Berlin. Links Außenminister Hans-Dietrich Genscher und Bundeskanzler Helmut Kohl

nichts im anderen Teil Deutschlands wieder so werden wird, wie es war. Die Bürger der DDR hätten ihr Geschick selbst in die Hand genommen, freie Wahlen müssten kommen und die sowjetischen Truppen eines Tages das Land verlassen. Aber eines lässt sich seines Erachtens zu dieser Stunde noch nicht sagen: *In welcher konkreten Form die Menschen in den beiden Staaten in ein neues Verhältnis zueinander geraten werden.*[204] Einen Monat später, im Dezember, weiß Brandt, dass die deutsche Einheit näher ist, als noch vor kurzem zu erwarten war. Er spricht schon von einer Währungsunion, von enger wirtschaftlicher Zusammenarbeit, der Gründung vielleicht *einer neuen Art von deutschem Bund*[205]. Aber das Tempo der Vereinigung sieht er Ende 1989 nicht voraus.

Anlässlich seines Rücktritts vom Vorsitz der Partei hatte Brandt versprochen, wann immer man seinen Rat und seine guten Dienste brauche, werde er *der deutschen Politik und der deutschen Sozialdemokratie selbstverständlich zur Verfügung stehen*[206]. Dieses Versprechen wird jetzt eingelöst. In den ersten Monaten des Jahres 1990, vor den Wahlen zur Volkskammer der DDR, dem ersten freien Urnengang der Bürger dort, spricht Brandt, beglückt durch die Resonanz und das Vertrauen, die ihm entgegenschlagen, auf zahlreichen großen Kundgebungen der in der DDR neu gegründeten Sozialdemokratischen Partei. Noch bevor Bundeskanzler Kohl im Februar nach Moskau fährt und ihm Gorbatschow erklärt, der Schlüssel zur Einheit liege bei den Deutschen, ist sich Brandt, die Gunst der Stunde spürend, bewusst, dass es jetzt nur noch um die Modalitäten der Einheit geht; *die Sache* ist in seinen Augen *gelaufen.*

Zunächst stellt er sich die Gründung einer Konföderation vor, aus der sich eine Förderation entwickeln werde.[207] Doch ist er sich auch klar darüber, dass alle Stufenpläne von den Menschen in der DDR und ihrem Wunsch nach «Einheit jetzt» in Makulatur verwandelt werden können. In seinen Reden kommt es ihm darauf an, zwar angesichts der vielen ungelösten Probleme vor Euphorie und Überstürzung, vor einem zu schnellen Einheitstempo zu warnen, aber vor allem will er die Menschen überzeugen, dass sich die SPD in ihrem Einheitswillen, in ihrem Patriotismus von niemandem übertreffen lasse und an der Spitze der Einheitsbewegung stehe. *Unsere Partei muss bleiben, was sie im Kern seit mehr als hundert Jahren gewesen ist: Ein Zusammenschluss deutscher Patrioten mit europäischer Verantwortung* – dieses Credo des Ehrenvorsitzenden[208] soll nun seine überzeugende Bestätigung finden.

Widerspruch kam aus der eigenen Partei. Vor allem Oskar Lafontaine, der künftige SPD-Kanzlerkandidat, Parteivorsitzender und saarländischer Ministerpräsident, ließ seinen Dissens mit Brandt erkennen. Er meinte, warnen zu müssen: vor einer zu schnellen Währungs- und Wirtschaftsunion, vor Absichten, den anderen deutschen Staat «zu überrollen», verbunden mit leichtsinnigen Versprechungen, im Osten bald «blühende Landschaften» zu sehen, vor den hohen Kosten der Einheit und der enormen Belastung für den bundesdeutschen Haushalt und die Steuerzahler. Er meinte, auf der Tagesordnung stürden zunächst einmal gründliche Reformen in der DDR und ein wohl erwogener Einheitsstufenplan.

So sehr Lafontaines Warnungen sich im Nachhinein bestätigt haben, damals setzte er sich bei der ostdeutschen Bevölkerung dem Verdacht aus, an der Einheit wenig interessiert zu sein. Brandt, schon 1987 von dem Saarländer durch dessen Weigerung enttäuscht, sein direkter Nachfolger in der SPD zu werden, fühlte sich im Stich gelassen. Er erinnerte an die zwanziger und dreißiger Jahre, in denen es Nationalisten und Nazis gelungen war, sich als die eigentlichen Vertreter deutscher Interessen auszugeben. Um nicht erneut solchen Kräften Auftrieb zu verschaffen, sollte möglichst jedermann begreifen, *dass die Sache der europäisch eingebetteten deutschen Einheit in hohem Maße die Sache der Sozialdemokratie*, der Linken, sei.[209] Auch teilte er die Überzeugung Helmut Kohls, dass die vorhandene Chance ergriffen werden müsse, bevor sich unter Umständen im Ausland irgendwelche Widerstände regten. Und natürlich waren Emotionen im Spiel: Den Lübecker, dessen Großvater aus Mecklenburg gekommen war, den Vertriebenen, der so lange im Ausland hatte leben müssen, den Regierenden Bürgermeister, der hatte mit ansehen müssen, wie seine Stadt zerrissen worden war, den alten Brandt erfasste ein unbeschreibliches Glücksgefühl, am Ende seines Lebens Deutschland wieder vereint zu sehen. Begriffen das die Enkel nicht?

«Unsere Zeit allerdings steckt, wie kaum eine andere zuvor, voller Möglichkeiten – zum Guten und zum Bösen. Nichts kommt von selbst. Und nur wenig ist von Dauer. Darum – besinnt euch auf eure Kraft und darauf, dass jede Zeit eigene Antworten will und man auf ihrer Höhe zu sein hat, wenn Gutes bewirkt werden soll.»

Willy Brandt wenige Wochen vor seinem Tod an den im September 1992 in Berlin tagenden Kongress der Sozialistischen Internationale

Enttäuscht und tief verbittert nahm er am Abend des 18. März 1990 das Ergebnis der Volkskammerwahl zur Kenntnis. Die SPD hatte nicht einmal 22 Prozent der Stimmen erreicht. Sicherlich hatte Brandt den der eigenen Person geltenden Jubel, der ihm überall in der DDR entgegengeschlagen war, irrtümlich mit Sympathien für die SPD gleichgesetzt. Sicherlich hatte er sich nicht vorstellen können, dass sozialdemokratische Traditionen in den einstigen Hochburgen der SPD, in Sachsen und in Thüringen, in sechs Jahrzehnten weitgehend ausgelöscht worden waren. Sicherlich wurde ihm erst am Wahlabend voll bewusst, dass die Wähler in der DDR sich deshalb so regierungskonform verhalten hatten, weil sie annahmen, dass nur dann reichlich Geld aus Bonn fließen werde. Aber den Hauptgrund für den Erfolg der CDU und der mit ihr verbundenen Gruppierungen sah er darin, dass sie in den Augen der Wähler ohne *Drum und Dran* für die staatliche Einheit eingetreten waren, während die SPD erst mühsam hatte klären müssen, ob sie zwei deutsche Staaten oder ihre rasche Zusammenführung wolle.

So war es hauptsächlich die Bundesregierung unter Helmut Kohl, die schon am 3. Oktober 1990 den raschen Beitritt der DDR zur Bundesrepublik bewirkte. Dem entsprach, dass die SPD auch acht Wochen später die ersten gesamtdeutschen Wahlen verlor. In ungewöhnlich scharfer Form kritisierte der Ehrenvorsitzende tags darauf vor dem SPD-Parteivorstand die Wahlkampfstrategie Oskar Lafontaines als Mangel an nationalem Verständnis sowie an Zuwendung und Zuspruch für die Menschen in der DDR und warf dem gescheiterten Kanzlerkandidaten vor, dem Wähler den Eindruck vermittelt zu haben, die SPD sehe in der Einheit und der Freiheit mehr eine Bürde denn eine Chance.[210]

Willy Brandt hat den Zusammenbruch des Kommunismus herbeigesehnt, aber seine Hoffnung, dass die von ihm befreiten Menschen in der Sozialdemokratie zugleich die Alternative sehen würden, hat sich zu seinen Lebzeiten nicht mehr

Welche deutschen Politiker empfinden Sie als Vorbild?

Willy Brandt	33 %
Regine Hildebrandt	29 %
Konrad Adenauer	29 %
Richard von Weizsäcker	28 %
Hans-Dietrich Genscher	24 %
Helmut Kohl	12 %
Joschka Fischer	9 %
Edmund Stoiber	7 %
Angela Merkel	6 %
Gerhard Schröder	5 %

Umfrage aus «Focus»,
25. Februar 2002

erfüllt. Er war glücklich, die Deutschen wieder vereint zu sehen, aber der Prozess, der dazu führte, entfremdete ihn von seinen politischen Enkeln.

In den ersten Oktobertagen 1991 stellen die Ärzte fest, dass Brandt an Krebs erkrankt ist; in der Kölner Universitätsklinik wird er operiert. Einige Monate später, im März 1992, lässt er in Madrid seine internationalen Freunde wissen, dass er sein Amt an der Spitze der SI aus Gesundheitsgründen aufgeben und auf dem nächsten Kongress, im September in Berlin, ein neuer Präsident gewählt werden müsse. Felipe González sagt er offen, wie es um ihn steht – es sei ungewiss, wie viel Zeit ihm bleibe.

Im Frühjahr 1992 zieht sich Brandt auch aus der deutschen Öffentlichkeit zurück. Freunde und Vertraute wie Egon Bahr, Johannes Rau, Klaus Harpprecht besuchen den Kranken in seinem Unkeler Haus. Den Tod vor Augen, versucht Willy

Spontaner Trauermarsch zu Ehren von Willy Brandt
am 17. Oktober 1992 vor dem Brandenburger Tor

Brandt Bilanz zu ziehen. Er blickt zurück auf ein erfülltes Leben, außergewöhnliche politische Erfolge. Von allen Seiten ist ihm Anerkennung widerfahren. Dies Bewusstsein erleichtert ihm den Tod. Unbewältigt bleibt der Kanzlerrücktritt.

Bis zuletzt hatte er darauf gehofft, sich auf dem Kongress der SI in Berlin von seinen Freunden aus aller Welt verabschieden zu können. Doch die Kräfte reichten nicht mehr aus. Felipe González wird ihn auf der Rückreise besuchen, ihm berichten. «Und als ich ihm zum dritten Mal sagte, dass alles gut verlaufen sei, sagte er mir mit einem heiteren Lächeln: *Es scheint, dass die*

Dinge ohne mich besser gehen. [...] Willy war sich bewusst, dass wir uns nicht wiedersehen würden, und begann deshalb, sich mit einer unglaublichen Eleganz zu verabschieden. [...] Er ergriff meine Hände und ermutigte mich, weiter für die Ideale zu arbeiten, die wir geteilt hatten.»[211]

Am 8. Oktober 1992 ist Willy Brandt, der letzte große Repräsentant der internationalen Arbeiterbewegung, in seinem Haus am Rhein gestorben.

Anmerkungen

1 Klaus Harpprecht (Hg.): «Willy Brandt. Porträt und Selbstporträt». München 1970. S. 28
2 Willy Brandt in einem Interview mit Oriana Fallaci in: «Die Weltwoche» vom 3. Oktober 1973
3 Ebd.
4 Willy Brandt in einem Fernsehinterview mit Günter Gaus am 25. September 1964 im ZDF
5 *Mein Weg nach Berlin.* Aufgezeichnet von Leo Lania. München 1960. S. 33
6 Ebd., S. 36
7 Ebd., S. 41
8 «Lübecker Volksbote» vom 6. Mai 1930
9 «Lübecker Volksbote» vom 27. August 1929
10 *Mein Weg nach Berlin*, a. a. O.
11 Ebd.
12 *Kameradschaftlichkeit! – Ein Wort der Jugend an die Alten.* In: «Lübecker Volksbote» vom 24. September 1930
13 Zit. n. *Mein Weg nach Berlin*, a. a. O., S. 51
14 Fernsehinterview mit Gaus (s. Anm. 4)
15 So zit. bei Bernd Brügge: «Flucht aus Lübeck unter neuem Namen. Willy Brandts Jugend in Lübeck». In: «Lübecker Nachrichten» vom 10. März 1972 (in diesem Bericht wird – wie in den meisten bisher erschienenen Biographien über Brandt – seine Flucht von Travemünde nach Dänemark und Norwegen ausführlich geschildert); s. a. *Mein Weg nach Berlin*, a. a. O., S. 66 f.
16 Damals dachte Frahm schon an eine Flucht nach Skandinavien. Der Deckname sollte ein deutscher Name sein, der in Skandinavien nicht fremd klingt.
17 *Mein Weg nach Berlin*, a. a. O., S. 33
18 Interview mit Orania Fallaci (s. Anm. 2)

19 Vgl. Terence Prittie: «Willy Brandt. Biographie». Frankfurt a. M. 1973. S. 49
20 *Draußen. Schriften während der Emigration.* Hg. von Günter Struve. München 1966. S. 64
21 Ebd.
22 Ebd.
23 Fernsehinterview mit Gaus (s. Anm. 4)
24 *Draußen*, a. a. O., S. 63 f.
25 Brief Jakob Walchers an Brandt vom 30. März 1935 (im Willy-Brandt-Archiv)
26 Willy Brandt: *Erinnerungen.* Frankfurt a. M., Berlin 1989, S. 107
27 Ebd., S. 275
28 Ebd., S. 66 f.
29 *Ein Jahr Krieg und Revolution in Spanien.* Referat auf der Sitzung der erweiterten Parteileitung der SAP, Anfang Juli 1937. Broschüre hg. von der SAP. S. 1
30 *Draußen*, a. a. O., S. 186 (Da mir zu diesem Thema nicht ausreichendes Quellenmaterial zur Verfügung steht, beschränke ich mich darauf, Brandts eigene kurze Darstellung seines damaligen Standpunkts wiederzugeben, der so auch in seinem Referat [s. Anm. 29] kenntlich wird)
31 Den Aufruf unterzeichneten gegen den Willen des SPD-Parteivorstands im Exil sechzehn Sozialdemokraten sowie sechzehn Kommunisten, zehn SAP-Mitglieder und 30 unabhängige Persönlichkeiten, darunter eine Anzahl von Schriftstellern.
32 *Draußen*, a. a. O., S. 74
33 Brief Brandts vom 27. Dezember 1937, wiedergegeben in einem Rundschreiben der SAP vom 2. Februar 1938; kurze Auszüge in *Draußen*, a. a. O., S. 79 f.
34 Für die Darstellung, wie Brandt auf den Hitler-Stalin-Pakt reagierte, s. auszugsweise in *Draußen* wiedergegebene Arbeiten, insbesondere seinen Artikel *Die Arbeiterbewegung*

und der deutsch-russische Pakt in
«Arbeiterbladet» vom 9. September
1939, wiedergegeben in Willy
Brandt, Berliner Ausgabe, Bd. 1:
Hitler ist nicht Deutschland. Jugend in Lübeck – Exil in Norwegen
1928–1940. Bearbeitet von Einhart
Lorenz, Bonn 2002
35 *Draußen*, a.a.O., S. 13
36 Ebd., S. 123
37 Zit. n. Helmut Müssener: «Exil
in Schweden. Politische und kulturelle Emigration nach 1933». München 1974. S. 171
38 *Draußen*, a.a.O., S. 13
39 Die folgende Darstellung stützt
sich hauptsächlich auf die Resolution der Kleinen Internationale
«Friedensziele demokratischer
Sozialisten», auf eine von Willy
Brandt, Stefan Szende, Irmgard
und August Enderle und anderen
SAPlern 1944 in Stockholm anonym herausgegebene Schrift «Zur
Nachkriegspolitik der deutschen
Sozialisten» sowie auf Auszüge von
Schriften Brandts, die in *Draußen*
wiedergegeben sind.
40 Vgl. Müssener, a.a.O., S. 156f.
41 *Mein Weg nach Berlin*, a.a.O.,
S. 188
42 Brief an Jakob Walcher vom
11. Juni 1946; in: *Draußen*, a.a.O.,
S. 337f.
43 Über die Tätigkeit als norwegischer Presseattaché in Berlin vgl.
Draußen, a.a.O., S. 338f. und Willy
Brandt, Berliner Ausgabe Bd. 2:
Zwei Vaterländer. Deutsch-Norweger im schwedischen Exil – Rückkehr nach Deutschland 1940–1947,
Bonn 2000, S. 324ff.
44 Brief an Halvard Lange vom
7. November 1947; in: *Draußen*,
a.a.O., S. 353f. und Willy Brandt.
Berliner Ausgabe, Bd. 2, S. 331ff.
45 *Mein Weg nach Berlin*, a.a.O.,
S. 229
46 Zit. n. Müssener, a.a.O., S. 479
Anm. 556
47 Brief an Kurt Schumacher vom

23. Dezember 1947; in: *Draußen*,
a.a.O., S. 356f.
48 Ebd.
49 *Draußen*, a.a.O., S. 57
50 Vgl. auch «LFP-Gespräch mit
Frau Annedore Leber und Willy
Brandt» in «Lübecker Freie Presse»
vom 7. September 1946
51 Kurt Schumacher, geb. am 13. Oktober 1895 in Culm (Westpreußen),
wurde im Ersten Weltkrieg schwer
verwundet und studierte nach
Kriegsende Jura und Nationalökonomie. Er war in den zwanziger
Jahren einer der führenden Sozialdemokraten in Württemberg und
kam 1930 in den Reichstag. Von
1933 bis 1945 war er im KZ. 1946
wurde Schumacher Vorsitzender
der SPD. Er starb am 20. August
1952 in Bonn.
52 *Mein Weg nach Berlin*, a.a.O.,
S. 216
53 *Landesvater, Lehrer, Mahner und
guter Freund.* In: Pressedienst des
SPD-Parteivorstandes vom 30. September 1953
54 *Der Auftrag des demokratischen
Sozialismus. Zum 20. Todestag von
Kurt Schumacher.* Broschüre, S. 9
55 Mit dem Verhältnis zwischen
Schumacher und Reuter hat sich
Lewis J. Edinger in seiner Biographie «Kurt Schumacher. Persönlichkeit und politisches Verhalten»
(Köln – Opladen 1967) ausführlich
beschäftigt, s. insbesondere S. 190f.;
s.a. *Mein Weg nach Berlin*, a.a.O.,
S. 213f.
56 Fernsehinterview mit Gaus
(s. Anm. 4)
57 *Mein Weg nach Berlin*, a.a.O.,
S. 264
58 Edinger, a.a.O., S. 196
59 Fernsehinterview mit Gaus
(s. Anm. 4)
60 Die Berliner SPD hatte zwischen
1946 und 1961 in West-Berlin zwischen 30000 und 40000 Mitglieder.
In Ost-Berlin ging die SPD-Mitgliedschaft von 25000 im Jahre 1946 auf

ca. 5000 im Jahre 1961 (Auflösung der Ost-Berliner SPD angesichts des Mauerbaus) zurück. – Zur Nachkriegsgeschichte der Berliner SPD s. u.a. Arnold Sywottek: «Die ‹fünfte Zone›. Zur gesellschafts- und außenpolitischen Orientierung und Funktion sozialdemokratischer Politik in Berlin 1945 – 48». In: «Archiv für Sozialgeschichte» Bd. XIII / 1973, S. 53 f. Über die SPD-Funktionäre in Berlin schreibt der Verfasser, der Reuter sehr viel distanzierter sieht als etwa Brandt und Löwenthal: «Für Berlin ist belegt, dass in beiden Parteien (KPD und SPD) der jeweils zweifellos verschieden starke Kern von Funktionären und Mitgliedern der Weimarer SPD bzw. KPD gestellt wurde … Die KPD begann dort ihre Tätigkeit mit leistungsgewohnten Führungskadern, während die SPD zunächst nur Funktionäre aufwies, die allenfalls mit der Arbeit auf mittleren und unteren Ebenen der traditionellen Parteihierarchie vertraut und zudem längere Zeit von jeglicher organisatorischer Routine suspendiert worden waren. Da der Exilvorstand keine Neigung zeigte, seine Arbeit in Berlin fortzusetzen, rückten – auch in ihrem Selbstverständnis – ‹mittlere› Funktionäre in die oberen Positionen, wo sie trotz gegenteiligen Anspruchs die Verfestigung der Provisorien in traditionellen Bahnen nicht verhinderten.»

61 Ausführlich dargestellt bei Abraham Ashkenasi: «Reformpartei und Außenpolitik. Die Außenpolitik der SPD Berlin – Bonn». Köln – Opladen 1968. S. 73 f.

62 Ebd., S. 142. – Ein Beispiel dafür, wie unterschiedlich Brandts damaliges Verhalten beurteilt wird: Zu Brandts Rede in der Europa-Debatte des Hamburger Parteitags 1950 (Protokoll, S. 103 f.) schreibt Theo Pirker: «Ernst Reuter schickte sei-

nen ‹jungen Mann›, Willy Brandt, in die Debatte … Brandt wollte es jedoch mit der ‹Baracke› und Schumacher nicht verderben und anerkannte zu zwei Drittel die Position der Parteiführung und zu einem Drittel die Position» Reuters. Dagegen heißt es bei Waldemar Besson über die gleiche Rede, Brandt habe eine «konziliante und pragmatische Sprache gefunden, durch die er sich als Vermittler zwischen Reuter und dem Parteivorstand» empfohlen habe.

63 Nach Ashkenasi (a.a.O., S. 82) standen zunächst im Reuter/Brandt-Lager die Kreisorganisationen Zehlendorf, Steglitz, Charlottenburg, Tempelhof, Spandau, Wilmersdorf und sechs der acht Ostkreise, bei Neumann: Tiergarten, Kreuzberg, Schöneberg, Reinickendorf, Mitte und Pankow. Gespalten waren Wedding und Neukölln in dieser Frage.

64 Ashkenasi, a.a.O., S. 146 f.

65 Ebd., S. 151

66 Ebd., S. 165 Anm.

67 *Mein Weg nach Berlin*, a.a.O., S. 316 f.

68 Ausführlich in «Der Spiegel» vom 9. Oktober 1957

69 Ebd.

70 Vgl. Carola Stern: «Ulbricht. Eine politische Biographie». Köln 1964, S. 228 f.

71 Vgl. Rudolf Kettlein (Hg.): «Willy Brandt ruft die Welt. Ein dokumentarischer Bericht». Berlin 1959

72 Rede vor dem Berliner SPD-Landesparteitag vom 5. März 1960

73 Rede vor dem Berliner SPD-Landesparteitag vom 6. Mai 1961

74 Vgl. Theodore C. Sorensen: «Kennedy». München 1966. S. 550 f. – Die Vorgeschichte des Mauerbaus ist hier sowie auch in Pritties Biographie ausführlich und anschaulich dargestellt.

75 *Begegnungen mit Kennedy*. München 1964. S. 57

76 Vgl. die Rede vor dem Berliner SPD-Landesparteitag vom 2. Dezember 1961

77 Alle Zitate über den Verlauf des 13. August 1961 aus *Begegnungen mit Kennedy* (a.a.O., S. 65 f.). Dort zitiert Brandt auch ausführlich aus seinem Brief an Kennedy vom 16. August und berichtet über die Reaktion in Bonn und Washington. Den genauen Wortlaut des vertraulichen Schreibens von Brandt an Kennedy veröffentlichte die «Frankfurter Allgemeine Zeitung» ohne Wissen des Absenders am 19. August 1961.

78 Rede vor dem Berliner SPD-Landesparteitag vom 2. Dezember 1961

79 Vgl. Prittie, a.a.O., S. 260

80 Ausführlich bei Viktor Reimann: «Bruno Kreisky. Das Porträt eines Staatsmannes». Wien 1972. S. 197 f.

81 Die folgende Darstellung fußt auf einem Gespräch mit Egon Bahr im Februar 1975.

82 Auch für die folgenden Zitate (soweit nicht anders vermerkt): *Begegnungen mit Kennedy* (hier S. 51)

83 Vgl. Hanno Kremer und Lutz Meunier: «Gemeinsamkeit ist eine Zier ... Ein politisches Porträt Willy Brandts». In: «Der Monat», Februar 1965

84 Vgl. Die Diskussionsbeiträge Brandts auf dem Hamburger SPD-Parteitag 1950, dem Dortmunder SPD-Parteitag 1952, dem Berliner SPD-Parteitag 1954 und dem Stuttgarter SPD-Parteitag 1958.

85 1959 und 1960 hatten Klaus Schütz und Kurt Neubauer, der spätere Stellvertreter des Regierenden Bürgermeisters Schütz, Zusammenkünfte mit sozialdemokratischen Parlamentariern und Funktionären organisiert, um für «ihren» Mann, um für Brandts Kandidatur zu werben, was von Wehner und wohl auch anderen Parteiführern als unüblich in der SPD missbilligt worden war.

86 Nach einem Interview mit Lance Pope vom Herbst 1973

87 Alle folgenden Zitate stammen aus den Reden Brandts auf den SPD-Parteitagen 1960 in Hannover, 1962 in Köln und 1964 in Karlsruhe.

88 Vgl. Günter Struve: «Kampf um die Mehrheit. Die Wahlkampagne der SPD 1965». Köln 1971. S. 165

89 Ebd., S. 65

90 Brandt in seinem Nachwort zu *Draußen*, a.a.O., S. 365

91 Interview mit Oriana Fallaci (s. Anm. 2). – Für die Zitate führender CDU/CSU-Politiker vgl. «Der Spiegel» vom 7. März und 23. Oktober 1961

92 «Das Buch ‹Guerillakrieg› ... enthält in erster Linie eine geschichtliche Darstellung des Partisanenkrieges und befasst sich in diesem Rahmen auch mit der damals durch den Zweiten Weltkrieg gegebenen Situation ... Das Buch enthält keine Anweisung für den Partisanenkampf gegen deutsche Soldaten. Es wird darin nicht zur Tötung deutscher Soldaten aufgerufen.» So der Leitende Oberstaatsanwalt beim Landgericht Arnsberg in einer Anklageschrift vom 13. Dezember 1962; zit. in *Draußen*, a.a.O., S. 375 Anm. 18.

93 *Draußen*, a.a.O., S. 365 (Nachwort Brandts)

94 Brandt vor den Spitzengremien der SPD am 25. September 1965 in Bad Godesberg

95 Struve, a.a.O., S. 89

96 Vgl. «Der Spiegel» 33 (1965) und Kremer und Meunier, a.a.O.

97 Zu Brandts Mannschaft gehörten 1961 neben Fritz Erler, Carlo Schmid und Käte Strobel der Wirtschaftsexperte Heinrich Deist, der Finanzexperte Alex Möller, der Vertriebenenpolitiker Wenzel Jaksch, der DGB-Vorsitzende Willi Richter sowie die sozialdemokratischen Länderchefs Max Brauer (Hamburg), Fritz Steinhoff (Nordrhein-

Westfalen), und Georg August Zinn (Hessen), 1965 die ministrablen Sozialdemokraten Gustav Heinemann, Waldemar von Knoeringen, Walter Schellenberg, Karl Schiller, Helmut Schmidt, erstmals auch Herbert Wehner sowie wiederum Möller, Schmid, Erler und Käte Strobel.

98 Vgl. u. a. «Frankfurter Zeitung» vom 23. September 1965, «Süddeutsche Zeitung» vom 24. September 1965 und «Vorwärts» vom 29. September 1965

99 Interview mit Egon Bahr und Klaus Schütz im Herbst 1973

100 Günter Gaus: «Die Zukunft Willy Brandts». In: «Der Monat», November 1965

101 Ähnlich Brandt im September 1965; vgl. die SPD-Pressemitteilungen und Informationen

102 Vgl. Günter Gaus: «Staatserhaltende Opposition oder Hat die SPD kapituliert? Gespräche mit Herbert Wehner». Reinbek 1966 (= rororo. 942). S. 59 f. – Drastischer wiederum Gaus selbst: «Wo steht denn geschrieben, dass Westdeutschlands kommende Wahlkämpfe auf jeden Fall und um jeden Preis mit jener Zuspitzung auf zwei Personen geführt werden, die Adenauer und Erhard ermöglicht haben?» (In: «Der Monat», November 1965)

103 So Walter Henkels in der 5. Aufl. seines Buches «111 Bonner Köpfe». Düsseldorf 1966. S. 56

104 Rede Brandts auf dem Berliner SPD-Landesparteitag vom 5. März 1960

105 Vgl. für die folgenden Zitate Prittie, a. a. O., S. 281 f.

106 Brandt im Gespräch mit Klaus Harpprecht in: Harpprecht, a. a. O., S. 28

107 Ausführlich bei Prittie, a. a. O., S. 311, und in dem Essay von Hermann Schreiber in dem Fotoband «Anatomie einer Veränderung». Düsseldorf 1970. S. 108 f.

108 Vgl. Interview Brandts mit dem ZDF (Sendereihe «Dialog») am 4. Dezember 1969

109 *Der Wille zum Frieden. Perspektiven der Politik.* Hamburg 1971. S. 303 f., 309 f.

110 Vgl. Protokoll des Dortmunder SPD-Parteitages im Juni 1966, S. 72

111 Herbert Wehner hatte im April 1961 erstmals öffentlich die Bereitschaft seiner Partei angedeutet, mit der CDU / CSU zu koalieren. Von da ab wiederholten Wehner, Brandt und andere Spitzenfunktionäre jedes Jahr das Anerbieten und führten einmal, noch zu Zeiten Adenauers, sogar offizielle Koalitionsgespräche (Winter 1962) oder persönlich-vertrauliche und unverbindlichere mit solchen Politikern, die dem Adenauer-Flügel zuzurechnen waren und von Ludwig Erhard genauso wenig wie der greise erste Bundeskanzler hielten. Zur Vorgeschichte der Großen Koalition vgl. u. a. Franz Schneider: «Die Große Koalition – zum Erfolg verurteilt?». Mainz 1968

112 Zu den damaligen SPD-FDP-Verhandlungen vgl. Hartmut Soell: «Fraktion und Parteiorganisation. Zur Willensbildung der SPD in den 60er Jahren». In: «Politische Vierteljahresschrift» 4 (1969)

113 Ein anderer Kronzeuge (Herbert Wehner in der Sondersendung des Deutschen Fernsehens zum Rücktritt Brandts als Bundeskanzler am 7. Mai 1974): «Und dann kamen die Legenden um die so genannte Große Koalition, als ob er [Brandt] dort von mir hineinbugsiert worden wäre. Kein Wort war wahr. Und es wird wohl auch der Abstand genug sein, dass alle, einschließlich seiner eigenen Person, dies alles einmal deutlicher darstellen werden.» (s. dazu Anm. 114)

114 *Dass es nicht möglich war, ergab sich für mich nicht allein aus Informationen über das zu vermutende Verhal-*

167

ten einiger damaliger Abgeordneter der FDP bei der Kanzlerwahl, sondern zu jenem Zeitpunkt vor allem aus einer Diskussion über wirtschafts- und gesellschaftspolitische Fragen. Das zeitweilige Zusammengehen mit der CDU/CSU lehnte ich nicht grundsätzlich ab … So Brandt in: Über den Tag hinaus. Hamburg 1974. S. 33

115 So Egon Bahr in einem Gespräch mit der Autorin im Oktober 1974

116 *Über den Tag hinaus*, a. a. O.

117 Vgl. Ben Witter: «Mit Willy Brandt auf dem Venusberg». In: «Die Zeit» vom 13. Dezember 1968

118 Nach einem Gespräch mit Egon Bahr im Oktober 1974; vgl. *Über den Tag hinaus*, a. a. O.

119 Vgl. Protokoll des Karlsruher SPD-Parteitags im November 1964

120 Dem Kabinett Kiesinger/Brandt gehörten neun Sozialdemokraten an: Brandt, Gustav Heinemann (Justiz), Georg Leber (Verkehr), Lauritz Lauritzen (Wohnungsbau), Karl Schiller (Wirtschaft), Carlo Schmid (Bundesrat, Länder), Käte Strobel (Gesundheit), Hans-Jürgen Wischnewski (Wirtschaftliche Zusammenarbeit) und Herbert Wehner (Gesamtdeutsche Fragen).

121 Schreiber in: «Anatomie einer Veränderung», a. a. O., S. 31 f.

122 Vgl. Alfred Grosser: «Deutschlandbilanz». München 1970. S. 184

123 Brandt im «Spiegel»-Gespräch in: «Der Spiegel» 38 (1969)

124 Rede vor der Bundeskonferenz der SPD am 13. November 1967 in Bad Godesberg. Broschüre, S. 25

125 Ebd.

126 Interview mit der Zeitschrift «Gewerkschaftler» am 2. Mai 1969. In: *Reden und Interviews 1968–1969*. Bonn o. J. S. 206

127 Vgl. Protokoll des Nürnberger SPD-Parteitags im März 1968, S. 48

128 *Die Übernahme des Auswärtigen Amts*. In: *Außenpolitik – Deutschlandpolitik – Europapolitik*. 2. Aufl. Berlin 1970. S. 9 f.

129 Vgl. Ashkenasi, a. a. O., S. 203 f.; s. dort auch über die Betrauung anderer Sozialdemokraten mit wichtigen Aufgaben im Auswärtigen Amt. Hermann Schreiber («Anatomie einer Veränderung», a. a. O.) betont jedoch, Brandts Fairness gegenüber den langjährigen Mitarbeitern des Auswärtigen Amts sei manchmal in der Personalpolitik so weit gegangen, «dass er aus menschlicher Rücksichtnahme falsche Entscheidungen fällte».

130 Witter, a. a. O.

131 Vgl. Protokoll des außerordentlichen SPD-Parteitags im April 1969 in Bad Godesberg, S. 446

132 *Forbrytere of andre tyskere* [Verbrecher und andere Deutsche]. Oslo 1946. In: *Draußen*, a. a. O., S. 60

133 *Die Engländer und die Deutschen in Europa*. In: «Außenpolitik» 6 (1962)

134 Rede vor der Versammlung der Westeuropäischen Union in Paris am 14. Dezember 1966. In: *Außenpolitik – Deutschlandpolitik – Europapolitik*, a. a. O., S. 18

135 Vgl. Wolfgang Horlacher: «Die Außenpolitik. Geburtshelfer der Großen Koalition». In: «Die Große Koalition 1966–1969. Eine kritische Bestandsaufnahme». Red. Alois Rummel. Freudenstadt 1969. S. 128 f.

136 Protokoll des Landesparteitags der Berliner SPD im Juli 1954, S. 90

137 *Mein Weg nach Berlin*, a. a. O., S. 309

138 *Außenpolitische Kontinuität mit neuen Akzenten*. In: «Außenpolitik» 11 (1960)

139 Rede anlässlich des IV. Deutschland-Treffens der SPD in der Dortmunder Westfalenhalle am 14. August 1965

140 Vgl. Interview mit der «Welt» vom 13. September 1968, in: *Reden und Interviews 1968–1969*, a. a. O., S. 65, und «Vorwärts» vom 24. August 1967

141 Vgl. Brandts Rede auf dem Dortmunder SPD-Parteitag im Juni 1966 und Struve, a. a. O., S. 81 f.

142 Protokoll des SPD-Parteitags im Juni 1966, S. 77

143 Vgl. Wolfgang Behrendt: «Die innerparteiliche Auseinandersetzung um die Ostpolitik in der SPD 1960–1969». Diplomarbeit, Otto-Suhr-Institut an der Freien Universität Berlin [unveröff.]

144 *Entspannungspolitik mit langem Atem.* In: «Außenpolitik» vom 11. August 1967

145 Rede vor der Versammlung der Westeuropäischen Union in Paris am 14. Dezember 1966. In: *Außenpolitik – Deutschlandpolitik – Europapolitik*, a. a. O., S. 14

146 Danach wurde die Aufnahme diplomatischer Beziehungen eines Staates zur DDR als «unfreundlicher Akt» gegen die Bundesrepublik betrachtet. Ihre Gegenmaßnahmen bestanden im Abbruch der Beziehungen (Jugoslawien, Kuba), später zunächst im Stopp von Wirtschaftshilfe.

147 Rede vor der Beratenden Versammlung des Europarats in Strasbourg am 24. Januar 1967. In: *Außenpolitik – Deutschlandpolitik – Europapolitik*, a. a. O., S. 22

148 Vgl. Protokoll des Dortmunder SPD-Parteitags im Juni 1966, S. 80

149 Vgl. Peter Bender: «Die Ostpolitik Willy Brandts oder Die Kunst des Selbstverständlichen». Reinbek 1972 (= rororo 1548). S. 41

150 Vgl. Richard Löwenthal: «Vom Kalten Krieg zur Ostpolitik». In: Richard Löwenthal und Hans-Peter Schwarz (Hg.), «Die zweite Republik. 25 Jahre Bundesrepublik Deutschland. Eine Bilanz». Stuttgart 1974

151 Vgl. *Reden und Interviews 1968–1969*, a. a. O., S. 49, 63

152 Interview mit Egon Bahr im Herbst 1973

153 Brandt im «Spiegel»-Gespräch in: «Der Spiegel» 38 (1969)

154 Nach einem Gespräch der Autorin mit Egon Bahr im Oktober 1974

155 Sämtliche Zitate aus der Wahlnacht stammen aus ARD-Mitschnitten.

156 Das Wahlergebnis vom 28. September 1969: CDU / CSU 46,1 % (242 Sitze), SPD 42,7 % (224 Sitze), FDP 5,8 % (30 Sitze). Die NPD erhält 4,3 % und kommt nicht in den Bundestag.

157 Egon Bahr, «Zu meiner Zeit», S. 269

158 Vgl. Udo Bermbach: «Stationen der Regierungsbildung 1969». In: «Zeitschrift für Parlamentsfragen» 1 (1970)

159 Auf eine entsprechende Frage noch während des Wahlkampfs hatte Brandt geäußert: *Ja, ich scheue mich nicht vor dem Ausdruck plebiszitär.* In: «Der Spiegel» 38 (1969)

160 Erklärung Brandts zur Reformpolitik am 24. März 1971 im Bundestag

161 Vgl. die Rede Brandts auf dem SPD-Parteitag in Saarbrücken am 13. Mai 1970

162 Vgl. Brandt im «Tagesspiegel» vom 31. Dezember 1969 und seine Ansprache bei der Hamburger Matthäi-Mahlzeit am 24. Februar 1970

163 Interview mit der «Mainpost» vom 19. Oktober 1972

164 Ebd. und auf dem außerordentlichen SPD-Parteitag in Dortmund am 12. Oktober 1972

165 Rede vor dem Bundestag am 22. September 1972

166 Rede auf dem außerordentlichen Parteitag in Dortmund am 12. Oktober 1972

167 Vgl. Löwenthal, a. a. O., und Bender, a. a. O.

168 Brandt 1962: Es gibt – *juristisch gesehen – kein deutsches Staatsgebilde … das berechtigt wäre, die … Grenzansprüche anzuerkennen oder aufzu-*

169

geben, weil erst ein wiedervereinigtes Deutschland ein Gesprächspartner der ehemaligen Kriegsgegner auch in dieser Frage wäre. In: «Außenpolitik» 6 (1962). Wehner 1966: «Leichtfertig ist es, sich selbst dem Gefühl hinzugeben, durch eine Vorwegnahme der im Friedensvertrag vorbehaltenen Entscheidung über die Grenzen etwas an der tatsächlichen Lage des gespaltenen Deutschlands ändern zu können ... mit dem Preisgeben eines Rechts versündigten wir uns am Nächsten und würden uns selbst schwer schaden.» In: Gaus, «Staatserhaltende Opposition», a. a. O., S. 75

169 Rede auf dem Berliner Landesparteitag der SPD am 5. März 1960

170 *Begegnungen mit Kennedy,* a. a. O., S. 100

171 Dankrede nach der Verleihung des Friedensnobelpreises am 10. Dezember 1971 in der Universität Oslo

172 Rede in der Stockholmer Hauptkirche am 12. Dezember 1971

173 Zum ersten Jahrestag der Regierungsübernahme am 23. Oktober 1970 vor der Presse

174 Am 14. Oktober 1971 trat der Berliner SPD-Abgeordnete Klaus-Peter Schulz zur CDU über. Ihm folgte am 17. März 1972 der Berliner SPD-Abgeordnete Franz Seume. Da die Berliner Abgeordneten im Bundestag jedoch kein volles Stimmrecht hatten, waren diese Übertritte mehr von politischpsychologischer als machtpolitischer Bedeutung.

175 Brandt in «Monitor» am 27. März 1972

176 Vgl. auch für das Folgende Martin Müller: «Das konstruktive Mißtrauensvotum. Chronik und Anmerkungen zum ersten Anwendungsfall des Art. 67 GG». In: «Zeitschrift für Parlamentsfragen» 3 (1972)

177 50 Jahre Stern. Sondernummer 1972 von 1998

178 «Stasi, Steiner und die gekaufte Stimme», in: «Die Welt» vom 16. Juni 1993; «CSU-Spion enttarnt», in: «Der Spiegel» 48 / 2000 und «Ein Mann mit zwei Gesichtern», in: «Süddeutsche Zeitung» vom 27. November 2000.

179 Vgl. «Erste vorzeitige Auflösung des Bundestages. Stationen vom konstruktiven Mißtrauensvotum bis zur Vereidigung der zweiten Regierung Brandt / Scheel». In: «Zeitschrift für Parlamentsfragen» 1 (1973)

180 Rede in der Universität Oslo am 11. Dezember 1971

181 In der Reihenfolge der Zitate: ZDF-Interview («Zur Person»), 25. September 1964; ZDF-Interview, 4. Dezember 1969; «Spiegel»-Interview, 24. Mai 1971

182 Zum Abschluss seiner Haushaltsrede im Bundestag am 26. Oktober 1973 erklärte Wehner wörtlich: «... die geschichtliche Bedeutung und das Vertrauen zu einem solchen Mann, die dürften nicht beeinträchtigt und dürften nicht bestritten werden.»

183 So Günter Gaus in der Fernsehsendung «Panorama» am 28. November 1973, abgedruckt in «Vorwärts» vom 29. November 1973

184 Vgl. u. a. «Der Spiegel» vom 18. Februar 1974

185 Zum Fall Guillaume und zum Kanzlerrücktritt vgl. u. a. *Über den Tag hinaus.* Hamburg 1974. S. 154 f.; Hans Ulrich Kempski: «Mir kommt das Ganze wie im Kino vor». In: «Süddeutsche Zeitung» vom 11. / 12. Mai 1974 sowie das Kapitel ‹Der Kanzlersturz› in Kempskis Buch «Um die Macht», Frankfurt a. M. 2000, S. 207 ff. Schließlich diverse Nummern des «Spiegel» nach dem Rücktritt Brandts und vom 9. September 1974

186 *Erinnerungen*, a.a.O., S. 316

187 *Erinnerungen*, a.a.O., S. 324f.

188 Horst Ehmke: «Mittendrin – Von der Großen Koalition zur Deutschen Einheit». Berlin 1994, S. 241

189 *Erinnerungen*, a.a.O., S. 326

190 Vgl. Ralf Georg Renth in «Frankfurter Allgemeine Zeitung» vom 17. Januar 1994

191 *Erinnerungen*, a.a.O., S. 341

192 Vgl. «Willy Brandt». Fotografiert von Konrad R. Müller. Mit einem Essay von Felipe González. Bergisch Gladbach 1993, S. 17

193 Carola Stern: «Wieder aktionsfähig. Der 13. Kongress der Sozialistischen Internationale in Genf 26.–28. November 1976». In: «L 76», Heft 3, Köln 1977

194 *Erinnerungen*, a.a.O., S. 350f.: Die weiteren Brandt-Zitate stammen, wenn nicht anders vermerkt, aus der gleichen Quelle

195 Einleitung zum 1. Bericht der Nord-Süd-Kommission

196 Rede in Rostock am 6. Dezember 1989, in: «... *was zusammengehört.» Reden zu Deutschland*. Bonn 1990, S. 58

197 Über weitere Initiativen Brandts auf diesem Gebiet vgl. Franz Nuscheler (Hg.): Entwicklung und Frieden im 21. Jahrhundert. Bonn 2000

198 *Die Abschiedsrede*. Berlin 1987, S. 25

199 Ebd.

200 «Der Spiegel» 43 (1989) – Gespräch vom 23. Oktober 1989

201 «Frankfurter Allgemeine Zeitung» vom 18. November 1993

202 In: «Reden über das eigene Land: Deutschland 2.» München 1984, S. 60/61

203 Rede im Deutschen Bundestag am 1. September 1989

204 «... *was zusammengehört*», a.a.O., S. 38

205 Vgl. die Reden Brandts in Rostock und auf dem Sonderparteitag der SPD in Berlin am 18. Dezember 1989, in: «... *was zusammengehört*», a.a.O., S. 59ff.

206 *Die Abschiedsrede*, a.a.O., S. 91

207 «Der Spiegel» – Gespräch vom 5. Februar 1990

208 *Die Abschiedsrede*, a.a.O., S. 12

209 So am Abend des 18. März 1990, in: «... *was zusammengehört*», a.a.O., S.155

210 Redenotizen für die Sitzung des SPD-Parteivorstands im Brandt-Archiv

211 «Willy Brandt». Fotografiert von Konrad R. Müller, a.a.O., S. 35 u. 37

ZEITTAFEL

1913 18. Dezember: In Lübeck als Sohn der Verkäuferin Martha Frahm geboren

ab 1929 Aktiv in der sozialistischen Jugendbewegung Lübecks tätig

1930 Mitglied der SPD

1931 Übertritt zur Sozialistischen Arbeiterpartei (SAP)

1932 Abitur am Lübecker Johanneum

1933 Flucht vor nationalsozialistischer Verfolgung nach Norwegen. Von dort aus Fortsetzung des Widerstands gegen den Faschismus auf internationaler Ebene. Zahlreiche Auslandsreisen. Umfangreiche journalistische Tätigkeit

1937 Während des Spanischen Bürgerkriegs als an Kampfhandlungen nicht beteiligter politischer Beobachter und Vertreter einer humanitären Hilfsorganisation fünf Monate in Spanien

1938 Verlust der deutschen Staatsangehörigkeit durch Ausbürgerung

1940 Während der Besetzung Norwegens durch deutsche Truppen vorübergehend in deutscher Kriegsgefangenschaft. Als Deutscher unerkannt. Nach der Entlassung Flucht nach Schweden

1942–1945 In Stockholm Zusammenarbeit mit Sozialdemokraten aus einer Anzahl europäischer Staaten, darunter Bruno Kreisky sowie Alva und Gunnar Myrdal, in einem internationalen Arbeitskreis («Kleine Internationale»), der als Ergebnis seiner Arbeit u. a. eine Denkschrift über «Friedensziele demokratischer Sozialisten» vorlegt

1945–1946 Korrespondent für skandinavische Zeitungen in Deutschland

1947 Presseattaché an der Norwegischen Militärmission in Berlin

1948 Wiedereinbürgerung. Vertreter des SPD-Parteivorstandes in Berlin. Im folgenden Jahrzehnt zahlreiche Parteiämter in Berlin

1949 Beginn der parlamentarischen Tätigkeit. Von 1949 bis 1957 als Berliner Abgeordneter im I. und II. Deutschen Bundestag

1955–1957 Präsident des Berliner Abgeordnetenhauses

1957–1966 Regierender Bürgermeister von Berlin

1961–1965 In den Wahlkämpfen für den IV. und V. Deutschen Bundestag sozialdemokratischer Kanzlerkandidat

1964 16. Februar: Nach dem Tod von Erich Ollenhauer zum Vorsitzenden der Sozialdemokratischen Partei Deutschlands gewählt

1966 1. Dezember: Bundesminister des Auswärtigen und Vizekanzler in der aus SPD und CDU/CSU gebildeten Regierung der Großen Koalition

1969 Nach den Wahlen zum VI. Deutschen Bundestag einigen sich SPD und FDP über die Bildung einer sozialliberalen Koalition unter Willy Brandt als Regierungschef. Am 21. Oktober 1969 wählt der Deutsche Bundestag erstmals einen Sozialdemokraten zum Bundeskanzler

1971 10. Dezember: Willy Brandt nimmt in Oslo den Friedensnobelpreis entgegen. Ehrenbürger von Berlin

1972 Verleihung der Ehrenbürgerschaft von Lübeck.
19. November: Wahlen zum VII. Deutschen Bundestag. Mit 45,8 Prozent stellt die SPD erstmals die stärkste Fraktion im Parlament

1973 26. September: Willy Brandt spricht als erster deutscher Bundeskanzler vor der General-

versammlung der Vereinten
Nationen in New York

1974 6. Mai: Rücktritt vom Amt
des Bundeskanzlers

1975 Vorsitzender des internationalen «Komitees für Freundschaft und Solidarität mit Demokratie und Sozialismus in
Portugal»

1976 November: Wahl zum Präsidenten der Sozialistischen Internationale in Genf

1977 September: Annahme des
Vorsitzes der «Unabhängigen
Kommission für internationale
Entwicklungsfragen» (New York)

1979 Juni: Erste Wahl zum Europäischen Parlament; gewählt als
dessen Mitglied. (Niederlegung
des Mandats 1983)

1980 Februar: Präsentation des
Berichts «Das Überleben sichern»
der «Unabhängigen Kommission
für internationale Entwicklungsfragen» in New York

1983 Februar: Vorstellung des
zweiten Berichts der Unabhängigen Kommission (Nord-Süd-
Kommission) in Bonn.
Dezember: Heirat mit der Historikerin Brigitte Seebacher

1984 November: Dritte-Welt-
Preis, New York

1985 November: Albert-Einstein-
Friedenspreis, Washington.
Reisen durch Lateinamerika sowie Osteuropa. Erstes Zusammentreffen mit dem damaligen Generalsekretär der KPdSU Michael
Gorbatschow in Moskau, dem
1988 und 1989 weitere Treffen
folgen

1986 Gründung der bundesdeutschen Stiftung Entwicklung und
Frieden durch Willy Brandt

1987 März: Nach über zwanzig-
jähriger Amtszeit Rücktritt als
Vorsitzender der SPD.
Juni: Auf dem außerordentlichen
Parteitag in Bonn Wahl zum Eh-
renvorsitzenden der SPD

1989 Frühherbst: Wiederbegrün-
dung der Sozialdemokratie in
Ostdeutschland

1990 Februar: Erster Parteitag der
wiedergegründeten Sozialdemokratie in Ostdeutschland. Wahl
Willy Brandts zum Ehrenvorsitzenden.
Herbst: Zusammentreffen mit
dem irakischen Präsidenten
Saddam Hussein, um über die
Freilassung deutscher und anderer europäischer Geiseln und
eine friedliche Lösung des Ku-
weit-Konflikts zu verhandeln.
3. Oktober: Die DDR erklärt ihren
Beitritt zur Bundesrepublik
Deutschland.
Dezember: Willy Brandt eröffnet
als Alterspräsident die neue Sit-
zungsperiode des Bundestags im
Deutschen Reichstag Berlin

1991 Auf Antrag Willy Brandts
spricht sich der Bundestag für
Berlin als neuen Regierungssitz
aus

1992 8. Oktober: Willy Brandt
stirbt in Unkel bei Bonn.
17. Oktober: Die Bundesregierung ehrt den Toten durch einen
Staatsakt im Berliner Reichstag.
Beisetzung auf dem Waldfriedhof
Berlin-Zehlendorf

ZEUGNISSE

«Time», New York

Er hat die erregendste und hoffnungsreichste Vision für Europa entworfen, seit der Eiserne Vorhang fiel. Mit Hilfe des beträchtlichen strategischen und wirtschaftlichen Einflusses Westdeutschlands versucht er, ein erweitertes und geeintes Westeuropa herbeizuführen, das weiterhin eng mit den Vereinigten Staaten verbunden wäre, aber gleichzeitig genügend Selbstbewusstsein und Unabhängigkeit besitzen würde, um enge Beziehungen mit den kommunistischen Nationen anzuknüpfen. Es ist eine kühne Vision, voller Möglichkeiten und Gefahren, ein Wiederaufleben der Träume von Einheit, die Europäer von Karl dem Großen bis Napoleon inspiriert haben. Sie mag lange Zeit noch nicht Wirklichkeit werden, wenn überhaupt. Aber indem er sie zum Ziel für alle Europäer macht, ist Willy Brandt zum Mann des Jahres 1970 geworden.
30. Dezember 1970

«Le Peuple», Brüssel

Es ist möglich, dass die europäischen Divergenzen, verstärkt durch die wiedererwachenden nationalistischen Tendenzen, Willy Brandt vorsichtiger denn je machen, sogar gegenüber wohlwollenden Ausländern, die sagen, dass sie ihm nur Gutes wollten. Aber man kann keinen Augenblick daran zweifeln: Er bleibt in der Seele Mitglied der Sozialistischen Internationale und ein guter Europäer im Dienste des gesamten Europa.
Er macht sich keine Illusionen. Sehr rührige und hinterhältige Kreise in und außerhalb Deutschlands haben nicht aufgehört, alles zu tun, um seiner Politik entgegenzuarbeiten und ihn, wo immer sie können, zu diskreditieren. In den offiziellen Ehrungen, die ihm der Nobelpreis eintrug, klingen einige falsche Töne mit. Man hört dabei das geheime Bedauern, das den Sturz desjenigen begrüßen würde, der so viele zivile und militärische Persönlichkeiten in den Schatten stellt.
22. Oktober 1971

Golo Mann

Den Besuch im «Bungalow» [23. März 1972] machte ich als einer, der den Bundeskanzler überaus hochschätzt, oft ihn bewundert, obschon nicht als sein blinder Bewunderer – welches Politikers blinder Bewunderer dürfte man sein? [...] Nach dem Gespräch war mir besser zumut; völlig gut, insoweit es um «Ostpolitik» gegangen war. Willy Brandt sprach langsam, wohlinformiert, wohlüberlegt, mit Pausen, die dem Nachdenken gewidmet waren; ringend um die genaue Nuance, in der und jener Richtung sein Urteil qualifizierend; schöpfend aus dem nachgerade überreichen Schatz seiner Welterfahrung. [...]
Übrigens ruhige Tapferkeit. Die Krise, in der seine Regierung sich seither befand, hatte mit der ersten Lesung der «Verträge» schon eingesetzt, das Abbröckeln der allzu geringen Mehrheit schon begonnen. Für den April sah er ein «konstruktives Mißtrauensvotum» voraus. [...] Das Regieren mit winziger Mehrheit oder ohne Mehrheit sei gegenwärtig vielerorts in Schwang: in England, in Skandinavien. «Das ist mühsam; aber wir werden die Segel nicht streichen.» Momente der Trauer, Momente des Ekels mag er haben. Der Panik nicht. Aus den genauen Prophezeiungen, die er machte, sah ich, etwas später, wie gründlich er sein Handwerk gelernt hatte; dies harte, kraftverzehrende, kraftvergeudende Handwerk des Politikers, das am hilfreichsten übt, wer es mit Idealismus verbindet,

nicht zuwenig und nicht zuviel davon.
*In: «Dieser Mann Brandt...»,
München 1972*

Helmut Schmidt
Der Erfolg Brandts liegt in den Augen seiner Freunde vornehmlich in zwei Leistungen. Außenpolitisch: nach 20 Jahren der Westpolitik dieser – ohne sie in Frage zu ziehen – die komplementäre Ergänzung der Ostpolitik hinzugefügt zu haben. Innenpolitisch: Die Sozialdemokratie nach über 100 Jahren der Opposition dauerhaft in die Gesetzgebungsmacht und an die Regierung geführt zu haben.
«Ein Geburtstagswunsch für Willy Brandt». In: «Der Spiegel», 17. Dezember 1973

Siegfried Lenz
Willy Brandts Sprechstil führt einen zu der Annahme, als erlebe man gleichzeitig die Entstehung von Gedanken. Ein Mann wie Erler sprach so, dass man glauben mußte, er wiederhole nur souverän etwas, was längst bedacht war. Wehners syntaktische Fabelwesen lassen vermuten, daß sich Sätze auch vermehren können durch Selbstinfektion. Wenn Willy Brandt spricht, scheint mir, wird eine ganz besondere Mühsal deutlich: die Mühsal eines Überzeugungsprozesses, bei dem man sich auf Wörter verläßt. Wer dem Wort so viel zutraut, kann der Verletzlichkeit nicht entgehen. Nicht zuletzt deswegen aber achten wir sein Wort und glauben seiner Rede.
*In: «Dieser Mann Brandt...»,
München 1972*

Felipe González
Er kämpfte gegen übertriebenen Nationalismus ebenso wie gegen Intoleranz und Unduldsamkeit. Er arbeitete für die deutsche Einheit – mit viel Geduld und ohne doktrinär zu sein.
Stets stand er aufrecht gegen Totalitarismus und Unterdrückung, aber er hatte auch die Demut, vor den Opfern eines Schreckens niederzuknien,

Porträt
von Andy Warhol

den er nicht zu verantworten hatte. Er war immer ein Mensch fester Überzeugungen, aber offen für neue Ideen und phantasievolle Überlegungen. [...] Aber vor allem war er ein guter Mensch und ein wahrer Freund.
In: «Willy Brandt», Bergisch Gladbach 1993

Klaus Harpprecht
Man sagte, daß Brandt eine der entscheidenden Leistungen seines Lebens besiegelt hatte, als er vor den Bundestag trat, um den Kanzlereid zu schwören: der erste Sozialdemokrat, der das höchste Regierungsamt der Bundesrepublik erobert hatte, der erste Repräsentant der demokratischen Linken seit dem Jahre 1930, der in die Verantwortung für das Geschick der Nation trat. Die Ostpolitik darf als die zweite der großen Lebensleistungen bezeichnet werden. Brandts Rücktritt, so bitter er gewesen sein mag, war die dritte.

Er demonstrierte, daß der Wechsel in der Verantwortung nun auch in Deutschland eine Normalität der Demokratie war.
Willy Brandt – Mut zum Glück, Zug 1991

Egon Bahr
Die Menschen spürten, daß da einer war, dem es um die Sache und nicht um persönliche Vorteile ging. Er gab das seltene Beispiel, daß Politik nicht den Charakter verderben muß.
Zu meiner Zeit, München 1996

Richard von Weizsäcker
Auf seinem schweren Weg wurde Willy Brandt ein Versöhner der Deutschen mit sich selbst. Er veränderte des Verhältnis der Deutschen zur Welt wie auch der Welt zu Deutschland.
In: Franz Nuscheler (Hg.), Entwicklung und Frieden im 21. Jahrhundert, Bonn 2000

BIBLIOGRAPHIE

1. Willy Brandt als Autor

a) Selbständige Veröffentlichungen

Die Veröffentlichungen in skandinavischen Exil sind aufgeführt bei Helmut Müssener: Exil in Schweden. München 1974. S. 548 f. Eine ausführliche Personalbibliographie Willy Brandts veröffentlichten R. Grosskart, H. Rösch-Sondermann, R. Zimmermann und H. Ziska, Bonn – Bad Godesberg 1990.

Ein Jahr Krieg und Revolution in Spanien. Referat. Prag 1938
Krieg in Norwegen, 9. IV. 1940. Zürich, New York 1942
Norwegens Freiheitskampf 1940 – 1945. Hamburg 1948
Probleme des Titoismus. Vortrag. Bonn 1952
Was können wir zur Wiedervereinigung Deutschlands tun? Rede. Hamburg 1955
Ernst Reuter. Ein Leben für die Freiheit [zusammen mit Richard Löwenthal]. München 1957
Von Bonn nach Berlin. Eine Dokumentation zur Hauptstadtfrage [mit Otto Uhlitz und Horst Korber]. Berlin 1957
Die besonderen Aufgaben Berlins. Erklärung […]. Berlin 1959
Berlin als gesamtdeutsche Aufgabe. Vortrag. Düsseldorf 1959
Berlin in der westeuropäischen Wirtschaft. Vortrag. Den Haag 1959
Politik für Deutschland. Rede. Bonn 1960
Mein Weg nach Berlin. Aufgezeichnet von Leo Lania. München 1960
Deutschland, Israel und die Juden. Rede. Berlin 1961
A Programme for Government. Bonn 1961
Plädoyer für die Zukunft. Beiträge zur deutschen Politik. Frankfurt a. M. 1961 – Erw. Neuausgabe Frankfurt a. M. 1972
Mit Herz und Hand. Ein Mann in der Bewährung. Hannover 1962
Die Aufgaben von morgen anpacken. Erklärung […]. Berlin 1963
Koexistenz. Zwang zum Wagnis, Stuttgart 1963
Zur Passierscheinfrage. Erklärung […]. Berlin 1964
Begegnungen mit Kennedy. München 1964
Reden 1961 – 1965. Köln 1965
Draußen. Schriften während der Emigration. München 1966
Deutsche Außenpolitik nach zwei Weltkriegen [zusammen mit Hans C. Boden: Rathenau als Wirtschaftler]. 2 Reden. Berlin 1967
Friedenssicherung in Europa. Rede. Berlin 1968
Friedenspolitik in Europa. Frankfurt a. M. 1968 – ³1971
Zum Atomsperrvertrag. Reden und Erklärungen sowie Dokumente zur Genfer Konferenz, zum NV-Vertrag und zum europäischen Sicherungssystem. Berlin 1969
Reden und Interviews 1968 – 1969. Bonn o. J.
Friedrich Engels und die soziale Demokratie. Rede. Bonn – Bad Godesberg 1970
Außenpolitik – Deutschlandpolitik – Europapolitik. Grundsätzliche Erklärungen während des ersten Jahres im Auswärtigen Amt. Berlin ³1970
Der Wille zum Frieden. Perspektiven der Politik. Hamburg 1971 – [Als Taschenbuch:] Frankfurt a. M. 1973
Bundestagsreden. Bonn 1972
Reden und Interviews. 2 Bde. [1969 – Januar 1973]. Bonn o. J. – Neuausgabe Hamburg 1971 – 73
Frieden. Reden und Schriften des Friedensnobelpreisträgers 1971. Bonn – Bad Godesberg 1971
Der Auftrag des demokratischen Sozialismus. Zum 20. Todestag von

Kurt Schumacher. Bonn – Bad
Godesberg 1972

Die Partei der Freiheit. Zum 100. Geburtstag von Otto Wels. Bonn – Bad Godesberg 1973

Über den Tag hinaus. Eine Zwischenbilanz. Hamburg 1974

Die Partei der Freiheit. Reden über August Bebel, Karl Marx, Friedrich Engels und Otto Wels. Bonn – Bad Godesberg 1974

Briefe und Gespräche 1972 – 1975. W. B. – Bruno Kreisky – Olof Palme. Frankfurt a. M. 1975

Kurzansprachen von Bundeskanzler Willy Brandt zu einzelnen Themen., O. O. u. J. [ca. 1975]. [1 Tonkassette]

Begegnungen und Einsichten. Die Jahre 1960 – 1975. Hamburg 1976 – [Als Taschenbuch:] München u. a. 1978

W. B. / Helmut Schmidt: Deutschland 1976. Sozialdemokraten im Gespräch. Gesprächsführung: Jürgen Kellermeier. Reinbek 1976

Geschichte als Auftrag. W. B.s Reden zur Geschichte der Arbeiterbewegung. Bonn 1981

Links und frei. Mein Weg 1930 – 1950. Hamburg 1982 – [Als Taschenbuch:] München u. a. 1984

Zum sozialen Rechtsstaat. Reden und Dokumente. Berlin 1983

… auf der Zinne der Partei … Parteitagsreden 1960 – 1983. Bonn 1984

Der organisierte Wahnsinn. Wettrüsten und Welthunger. Köln 1985 – [Als Taschenbuch:] Köln 1988

… wir sind nicht zu Helden geboren. Ein Gespräch über Deutschland mit Birgit Kraatz. Zürich 1986

Zwischen Essener Parteitag und Irseer Entwurf: Reden, Artikel und Interviews zu Fragen des neuen Grundsatzprogramms (1984 – 86). Bonn 1986

«… nicht gewohnt, den einfachen Weg zu gehen …» Laudatio auf Liv Ullmann am 2. Februar 1986. Bonn 1986

Menschenrechte – mißhandelt und mißbraucht. Reinbek 1987

Die Abschiedsrede. Berlin 1987

Die Nobelpreiskampagne für Carl von Ossietzky. Mit den Briefen an Konrad Reisner und Hilde Walter. Oldenburg 1988

Erinnerungen. Frankfurt a. M. 1989

«… was zusammengehört». Reden zu Deutschland. Bonn 1990

Umbrüche. Neue Chance für den Nord-Süd-Dialog. Frankfurt a. M. 1991

Die Spiegel-Gespräche 1959 – 1992. Hg. von Erich Böhme und Klaus Wirtgen. Vorwort von Rudolf Augstein. Stuttgart 1993

Beginnend mit dem Jahr 2000 erscheint im Auftrag der Bundeskanzler-Willy-Brandt-Stiftung und herausgegeben von Helga Grebing, Gregor Schöllgen und Heinrich August Winkler eine zehnbändige sog. Berliner Ausgabe mit ausgewählten Reden, Artikeln und Briefen Willy Brandts:

Band 1:
Hitler ist nicht Deutschland. Jugend in Lübeck – Exil in Norwegen 1928 – 1940, Bonn 2002

Band 2:
Zwei Vaterländer. Deutsch-Norweger im schwedischen Exil – Rückkehr nach Deutschland 1940 – 1947, Bonn 2000

Band 3:
Berlin bleibt frei. Politik in und für Berlin 1947 – 1966

Band 4:
Auf dem Weg nach vorn. Willy Brandt und die SPD 1947 – 1972, Bonn 2000

Band 5:
Die Partei der Freiheit Willy Brandt und die SPD 1972 – 1992. Bonn 2002

Band 6:
Ein Volk der guten Nachbarn.
  Außen- und Deutschlandpolitik
  1966–1974
Band 7:
Mehr Demokratie wagen.
  Innen- und Gesellschaftspolitik
  1966–1974, Bonn 2001
Band 8:
Über Europa hinaus.
  Dritte Welt und Sozialistische
  Internationale
Band 9:
Die Entspannung unzerstörbar ma-
  chen.
  Internationale Beziehungen und
  deutsche Frage 1974–1982
Band 10:
Gemeinsame Sicherheit.
  Internationale Beziehungen und
  deutsche Frage 1982–1992, Bonn
  2002

b) Willy Brandt als Herausgeber und
Mitarbeiter

Wider den Antisemitismus. Berlin
  1953
Das Gewissen steht auf. 64 Lebensbil-
  der aus dem deutschen Widerstand
  1933–1945. Hg. von Annedore Leber in Zusammenarbeit mit W. B.
  und Karl D. Bracher. Berlin, Frankfurt a. M. 1954 – Neu hg. von Karl
  D. Bracher. Mainz 1984
Das Gewissen entscheidet. Bereiche
  des deutschen Widerstandes von
  1933–1945 in Lebensbildern. Hg.
  von Annedore Leber in Zusammenarbeit mit W. B. und Karl D. Bracher.
  Berlin, Frankfurt a. M. 1958
Berlin. Geleitwort von W. B. München 1959
Dokumente zur Berlin-Frage
  1944–1959. Vorwort von W. B.
  München 1959–2. erw. Aufl. u. d.
  T.: Dokumente zur Berlin-Frage
  1944–1962. München 1962
Berlin, Brennpunkt deutschen
  Schicksals. Vorträge. Geleitwort
  von W. B. Berlin 1960

The divided city. La ville divisée.
  Die gespaltene Stadt. Stuttgart 1962
Erich Ollenhauer. Gewürdigt von
  W. B. u. a. Berlin 1964
Deutschland 1975. Vorwort von W. B.
  München 1965
Zwanzig Jahre Bundesrepublik, zehn
  Jahre Godesberger Programm der
  SPD. Hg. von W. B. u. a. Bielefeld
  1969 [Die neue Gesellschaft. Jg. 16,
  1969, Sonderheft]
Frauen heute. Jahrhundertthema
  Gleichberechtigung. Hg. von W. B.
  Köln–Frankfurt a. M. 1978
Das Überleben sichern. Bericht der
  Nord-Süd-Kommission. Mit einer
  Einl. des Vorsitzenden W. B. Köln
  1980
Deutsche Politik auf dem Prüfstand:
  Sozialdemokraten über die Chan-
  cen des Ost-West-Dialogs, mit einer
  Dokumentation: Wenn die
  CDU/CSU vom Frieden spricht …
  Hg. von Rolf Seeliger. München
  1981
Der demokratische Sozialismus
  als Friedensbewegung. Hg. von
  Reimund Seidelmann. Essen 1982
Hilfe in der Weltkrise. Ein Sofort-
  programm. Der 2. Bericht der Nord-
  Süd-Kommission. Hg. und eingel.
  von W. B. Reinbek 1983
Sozialdemokraten im Interesse deut-
  scher Friedensverantwortung. Für
  eine neue Phase der Ost- und
  Deutschlandpolitik. Hg. von Rolf
  Seeliger. München 1985
Carl von Ossietzky – Republikaner
  ohne Republik. Hg. von Helmut
  Donat und Adolf Wild. Bremen
  1986
Widerstand und Exil 1933–1945.
  Frankfurt a. M. 1986
Ein Richter, ein Bürger, ein Christ.
  Festschrift für Helmut Simon.
  Hg. von W. B. unter Mitarbeit von
  Marion Eckertz-Höfer und Roland
  Fritz. Baden-Baden 1987
(Siehe auch unter Engelmann, Ket-
  tenbach, Ménudier, Ruppert im
  Abschnitt 2)

179

2. Bücher über Willy Brandt

Abschied. Dank an Willy Brandt. Hg. von Björn Engholm, Marburg / Berlin 1992

Anekdoten um W. B. Gesammelt und erzählt von Heli Ihlefeld. München u. a. 1968

Auftakt zur Ära Brandt – Gedanken zur Regierungserklärung Brandts vom 28. Oktober 1969. Schriftenreihe der Bundeskanzler-Willy-Brandt-Stiftung, Heft 5, Berlin 1999

Baring, Arnulf: Machtwechsel. Die Ära Brandt – Scheel. Stuttgart 1982

Berkandt, Jan Peter [= Klaus Peter Schulz]: W. B. Schicksalsweg eines deutschen Politikers. Hannover 1961

Binder, David: The other German. W. B.'s Life and Times. Washington, D. C. 1975

Bolesch, Hermann Otto, und Hans Dieter Leicht: Der lange Marsch des W. B. Tübingen 1970

Brandtmarkungen. W. B. in der Karikatur. Hg. von Hermann Bortfeldt. Hannover 1966

Die Bundesrepublik in den siebziger Jahren. Hg. von Gert-Joachim Glässner. Opladen 1984

Demokratischer Sozialismus in den achtziger Jahren. W. B. zum 65. Geburtstag. Hg. von Richard Löwenthal. Köln – Frankfurt a. M. 1979 [Festschrift]

Deutschland und die Sozialistische Internationale nach dem Zweiten Weltkrieg. Darstellung und Dokumentation: Rolf Steininger. Bonn 1979

Dieser Mann Brandt … Gedanken über einen Politiker von 35 Wissenschaftlern, Künstlern und Schriftstellern. Hg., von Dagobert Lindlau. München 1972

Dollinger, Hans: Willy! Willy! Der Weg des Menschen und Politikers W. B. München 1970

Dönhoff, Marion Gräfin: Deutsche Außenpolitik von Adenauer bis Brandt. Hamburg 1970

Die 13 Jahre. Bilanz der sozialliberalen Koalition. Hg. von Wolfram Bickerich. Reinbek 1982

Ehrenbürgerschaft für Bundeskanzler Brandt. Lübeck 1972

Engelmann, Bernt: Vorwärts und nicht vergessen. Vom verfolgten Geheimbund zur Kanzlerpartei. Wege und Irrwege der deutschen Sozialdemokratie. München 1985. – Vorw. von W. B. München 1988

Eppler, Erhard: Ende oder Wende. Von der Machbarkeit des Notwendigen. Stuttgart 1975

Gaus, Günter: Zur Person. Von Adenauer bis Wehner. Portraits in Frage und Antwort. Köln 1987 – [Als Taschenbuch:] München 1990

Geschichte der Bundesrepublik Deutschland. 5 Bde. Hg. von Karl D. Bracher u. a. Bd. 4: Hildebrandt, Klaus: Von Erhard zur Großen Koalition. 1963 bis 1969. Bd. 5,1: Karl D. Bracher u. a.: Republik im Wandel 1969 – 1974. Die Ära Brandt. Stuttgart 1984 – 86

Guillaume, Günter: Die Aussage. Protokolliert von Günter Karau. Berlin 1988

Harpprecht, Klaus: Im Kanzleramt. Tagebuch der Jahre mit Willy Brandt. Reinbek 2000

Herles, Helmut: Machtverlust oder das Ende der Ära Brandt. Stuttgart 1983

Hermann, Lutz: W. B. ein politisches Porträt. Freudenstadt 1969

Histor, Manfred: W. B.s vergessene Opfer. Geschichte und Statistik der politisch motivierten Berufsverbote in Westdeutschland 1971 – 1988. Freiburg 1989

Hofmann, Gunter: W. B. Porträt eines Aufklärers aus Deutschland. Reinbek 1988

Kempski, Hans Ulrich: Um die Macht. Sternstunden und sonstige

Abenteuer mit den Bonner Bundeskanzlern. Frankfurt a. M. 2000

Kettenbach Hans Werner: Der lange Marsch der Bundesrepublik. Aufgaben und Chancen der inneren Reformen. Mit einem [...] Interview mit W. B. und einer Dokumentation. Düsseldorf–Wien 1971

Koch, Peter: W. B. Eine politische Biographie. Frankfurt a. M. 1988 – [Als Taschenbuch:] Bergisch Gladbach 1989

Kuper, Ernst: Frieden durch Konfrontation und Kooperation. Die Einstellung von Gerhard Schröder und W. B. zur Entspannungspolitik. Stuttgart 1974

Lehmann, Hans G.: In Acht und Bann. Politische Emigration, NS-Ausbürgerung und Wiedergutmachung am Beispiel W. B.s. München 1976

Lorenz, Einhart: W. B. in Norwegen. Die Jahre des Exils 1933 bis 1940. Kiel 1989

Macht und Moral. W. B. zum 75. Geburtstag. Hg. von Johannes Gross. Berlin 1989

Marshall, Barbara: Willy Brandt. Eine politische Biographie. Bonn 1993

Ménudier, Henri: L'Allemagne selon W. B. Entretiens et enquêtes 1969–1976. Paris 1976

Merseburger, Peter: Willy Brandt 1913-1992. Die Biographie. Stuttgart 2002

Nuscheler, Franz (Hg.): Entwicklung und Frieden im 21. Jahrhundert. Zur Wirkungsgeschichte des Brandt-Berichts. Bonn 2000

Prittie, Terence: W. B. Biographie. Frankfurt a. M. 1973

Profile of W. B. Bonn 1961

Roth, Reinhold: Außenpolitische Innovation und politische Herrschaftssicherung. Eine Analyse von Struktur und Systemfunktion des außenpolitischen Entscheidungsprozesses am Beispiel der sozialliberalen Koalition 1969–1973. Meisenheim 1976

Ruppert, Wolfgang: Fotogeschichte der Sozialdemokratie. Einl. und hg. von W. B. Berlin 1988 [Fotoband]

Schmidt, Helmut: Eine Strategie für den Westen. Berlin 1986

–: Menschen und Mächte. Berlin 1987

–: Menschen und Mächte 2: Die Deutschen und ihre Nachbarn. Berlin 1990

–: Weggefährten. Erinnerungen und Reflexionen. Berlin 1996

Schöllgen, Gregor: W. B. Die Biographie. Berlin–München 2001

Siegerist, Joachim: W. B. Das Ende einer Legende. Bremen [12]1988

Der SPD-Staat. Hg. Frank Grube und Gerhard Richter. München 1977

Strauß und Brandt mobilisieren die SS. Drahtzieher der Revanchehetze um Westberlin. Berlin 1962

Was hält die Welt von W. B.? Aussagen internationaler Publizisten des In- und Auslandes. Hamburg 1972

W. B. Anatomie einer Veränderung. Düsseldorf–Wien [3]1971

W. B. Ein Essay von Konrad R. Müller und Hermann Schreiber. Hamburg 1978

W. B. Fotografiert von Konrad R. Müller. Mit einem Essay von Felipe González. Bergisch Gladbach 1993

W. B. – 50 Jahre Klassenzusammenarbeit im Interesse des Imperialismus. Essen 1987

W. B. Porträt und Selbstporträt. Hg. von Klaus Harpprecht. München 1970

W. B. ruft die Welt. Ein dokumentarischer Bericht. Hg. von Rudolf Kettlein. Berlin 1959

Wolffsohn, Michael: West Germany's foreign policy in the aera of Brandt and Schmidt, 1969–1982. Frankfurt a. M. u. a. 1986

Zentner, Christian (Hg.): Willy Brandt. Das war sein Leben. Mit einem Nachruf von Hans-Jochen Vogel. Rastatt 1992

Zons, Achim: Das Denkmal. W. B. und die linksliberale Presse. München 1984

3. Weitere Literatur zum Thema

a) Bücher

Ashkenasi, Abraham: Reformpartei und Außenpolitik. Die Außenpolitik der SPD Berlin – Bonn. Köln – Opladen 1968

Bahr, Egon: Zu meiner Zeit. Erinnerungen. München 1996

Behrendt, Wolfgang: Die innerparteiliche Auseinandersetzung um die Ostpolitik in der SPD 1960 – 1969 [Diplomarbeit]. Otto-Suhr-Institut an der Freien Universität Berlin [unveröff.]

Bender, Peter: Die Ostpolitik Willy Brandts oder Die Kunst des Selbstverständlichen. Reinbek 1972

Besson, Waldemar: Die Außenpolitik der Bundesrepublik. München 1970

Brandt, Rut: Freundesland. Erinnerungen. Hamburg 1992

–: Wer an wen sein Herz verlor. Begegnungen und Erlebnisse. München 2001

Chronik der Lübecker Sozialdemokratie 1866 – 1972. Zusammengestellt von Franz Osterroth

Drechsler, Hanno: Die Sozialistische Arbeiterpartei Deutschlands (SAP). Ein Beitrag zur Geschichte der deutschen Arbeiterbewegung am Ende der Weimarer Republik. Meisenheim 1965

Edinger, Lewis J.: Kurt Schumacher. Persönlichkeit und politisches Verhalten. Köln – Opladen 1967

Ehmke, Horst: Mittendrin – Von der Großen Koalition zur Deutschen Einheit. Berlin 1994

Gaus, Günter: Staatserhaltende Opposition oder Hat die SPD kapituliert? Gespräche mit Herbert Wehner. Reinbek 1966

Grosser, Alfred: Deutschlandbilanz. München 1970 – 7. Aufl. 1979

Löwenthal, Richard: Vom Kalten Krieg zur Ostpolitik. In: Richard Löwenthal und Hans-Peter Schwarz

(Hg.), Die zweite Republik. 25 Jahre Bundesrepublik Deutschland. Stuttgart 1974

Müssener, Helmut: Exil in Schweden. Politische und kulturelle Emigration nach 1933. München 1974

Paul, Ernst: Die kleine Internationale in Stockholm. Bielefeld 1968

Pirker, Theo: Die SPD nach Hitler. München 1965

Protokolle der SPD-Parteitage ab 1950

Reimann, Viktor: Bruno Kreisky. Das Porträt eines Staatsmannes. Wien 1972

Rexin, Manfred: Die Folgen des 13. August 1961. Chronik und Dokumente zur Berlin-Krise. Berlin 1963

Schneider, Franz: Die Große Koalition – zum Erfolg verurteilt? Mainz 1968

Sorensen, Theodore C.: Kennedy. München 1966

Struve, Günter: Kampf um die Mehrheit. Die Wahlkampagne der SPD 1965. Köln 1971

b) Aufsätze

Bermbach, Udo: Stationen der Regierungsbildung 1969. In: Zeitschrift für Parlamentsfragen 1 (1970)

Brandt, Peter: Willy Brandt und die Jugendradikalisierung der späten sechziger Jahre – Anmerkungen eines Historikers und Zeitzeugen. (Vortrag.) In: Lorenz, Einhart (Hg.), Perspektiven aus den Exiljahren, Schriftenreihe der Bundeskanzler-Willy-Brandt-Stiftung, Heft 7

Gaus, Günter: Die Zukunft Willy Brandts. In: Der Monat, November 1965

Kremer, Hanno, und Lutz Meunier: Gemeinsamkeit ist eine Zier … Ein politisches Porträt Willy Brandts. In: Der Monat. Februar 1965

Müller, Martin: Das Konstruktive Mißtrauensvotum. Chronik und Anmerkungen zum ersten Anwendungsfall des Art. 67 GG. In: Zeitschrift für Parlamentsfragen 3 (1972)

Soell, Hartmut: Fraktion und Parteiorganisation. Zur Willensbildung der SPD in den sechziger Jahren. In: Politische Vierteljahresschrift 4 (1969)

Sywottek, Arnold: Die «fünfte Zone». Zur gesellschafts- und außenpolitischen Orientierung und Funktion sozialdemokratischer Politik in Berlin 1945–48. In: Archiv für Sozialgeschichte Bd. XIII / 1973

NAMENREGISTER

Die kursiv gesetzten Zahlen bezeichnen die Abbildungen.

Adenauer, Konrad 51, 65, 69 f., 77, 79 f., 82, 84, 87 f., 106, 119, 124 f., 143, 158, *67*, *85*
Albertz, Heinrich 98
Amrehn, Franz 65 f.
Anders, Günther 23
Arafat, Jassir 145
Arendt, Walter *110*
Arndt, Adolf 56
Ashkenasi, Abraham 54 f.

Baader, Andreas 110
Bahr, Egon 62, 65, 82, 89, 94, 98, 103, 106, 117, 127, 131, 159, *75*, *121*
Barzel, Rainer 122, 124
Bebel, August 7 f., 11, 17, 87, 109, 152, *8*
Bismarck, Otto von 69
Börner, Holger 138
Brandt, Carlota (1. Ehefrau) 35 f., 48, *41*, *42*
Brandt, Ninja (Tochter) 36, *41*, *42*
Brandt, Rut (2. Ehefrau) 44, 48, 56, 60, 139, 141, 154, *49*, *59*, *71*, *136*
Brauer, Max 70
Brentano, Heinrich von 65, 87
Breschnew, Leonid Iljitsch 131, *121*
Brost, Erich 45
Bruhns, Wibke 122
Brüning, Heinrich 16, 18

Chruschtschow, Nikita Sergejewitsch 58, 60 ff., 64 ff.

Dimitrov, Georgi Mikhailovich 31,33

Ebert, Friedrich 18, 48
Ehmke, Horst 59, 109, 125, 131, 137, 140, 151, *110*
Enderle, August 38
Enderle, Irmgard 38
Engels, Friedrich 13
Eppler, Erhard *110*
Erhard, Ludwig 79 f., 86, 88 f., 92, 95, 99, 124, *79*

Erler, Fritz 69 f., 72, 80, 82
Ertl, Josef 129, *110*

Fischer, Joschka 158
Focke, Katharina 131
Frahm, Ludwig (Großvater) 9, 17, 157, *11*
Frahm, Martha (Mutter) 9, 109, *10*
Franco Bahamonde, Francisco 29, 144
Franke, Egon *110*
Frölich, Paul 17

Gauguin, Paul 36
Gaulle, Charles de 60, 95 ff., *97*
Gaus, Günter 83, 116, 127
Genscher, Hans-Dietrich 134, 138, 158, *110*, *155*
George, Herbert 34 f., 57
Goebbels, Joseph 40
Goethe, Johann Wolfgang von 50
Gomułka, Władysław 112
Gonzáles, Felipe 144 f., 159 f.
Gorbatschow, Michail Sergejewitsch 146, 156
Grabert, Horst 44, 133, 137
Grass, Günter 124
Guillaume, Christel *136*
Guillaume, Günter 136 ff., 140, *136*, *137*

Hamel, Frau 29
Hansen, Rut s. u. Brandt, Rut
Harpprecht, Klaus 127, 134, 139, 159
Hassel, Kai-Uwe von 76, 91
Häuer, Werner 18
Heath, Edward 147
Heinemann, Gustav 91, 106, 125, 134, *110*
Heinig, Kurt 47
Helms, Wilhelm 121
Henkel, Walter 83
Hildebrandt, Regine 158
Hindenburg, Paul von 18
Hitler, Adolf 17 f., 22, 24, 29, 31 ff., 35, 37 f., 41 f., 69, 76, 94, 114
Honecker, Erich 141, 154
Hupka, Herbert 120, 126

Jaeger, Richard von 76
Jahn, Gerhard 138, *110*

Kant, Immanuel 114
Kautsky, Karl 7
Kennedy, John F. 61 ff., 65 f., 68 ff.,
    72 f., 96, 118, 127, *67*, *73*
Kennedy, Robert F. *75*
Kienbaum, Gerhard 121
Kiesinger, Kurt Georg 89, 90 ff., 95,
    98 f., 101, 103, 105 f., *93*
Kissinger, Henry Alfred 135
Kohl, Helmut 150, 156 ff., *153*, *155*
Kohl, Michael 117
Köster, Adolf 87
Kreisky, Bruno 22, 24, 37, 60, 65, 109,
    144 f., *41*
Kreisky, Vera *41*
Kressmann, Willy 56
Kühlmann-Stumm, Knut Freiherr
    von 121
Kühn, Heinz 90

Lafontaine, Oskar 156 ff.
Lange, Halvard 37, 46
Lauritzen, Lauritz *110*
Leber, Annelore 50
Leber, Georg 103, *110*
Leber, Julius 14–17, 37, 50, 52, *15*
Lenin, Wladimir Iljitsch 33
Leussink, Hans *110*
Löwenthal, Richard 50
Lübke, Heinrich 78
Luxemburg, Rosa 30

Mann, Heinrich 8, 31
Mann, Thomas 21
Marx, Karl 13, 25, 78
Mathiopoulos, Margarita 151
McNamara, Robert 146
Meinhof, Ulrike 110
Mende, Erich 106, 120
Merkel, Angela 158
Meyer, Gertrud 35
Mielke, Erich 122
Mierendorff, Carlo 14
Mitterrand, François *153*
Möller, Alex *110*
Möller, John (Vater) 9 f., *11*
Müller, Günther 121
Müller, Hermann 8, 18, 87, 106
Mussolini, Benito 29
Myrdal, Alva 37
Myrdal, Gunnar 37

Neumann, Franz 52–57, 60, 83
Nilsson, Torsten 37
Nixon, Richard M. 69, 72
Nygaardsvold, Johann 72

Ollenhauer, Erich 45, 58, 65, 69 f., 82
Ossietzky, Carl von 119

Palme, Olof 144 f., 147
Paulus, Friedrich 35
Peres, Shimon 145, *153*
Peters, Emil 17 f.
Pirker, Theo 78

Quidde, Ludwig 119

Rathenau, Walter 87
Rau, Johannes 159
Ravens, Karl 138
Reagan, Ronald 148
Reuter, Ernst 48–56, 61, 63, 127, *53*
Rosenfeld, Kurt 18

Sadat, Muhammad Anwar As 145
Salazar, António de Oliveira 144
Scheel, Walter 105 f., 125, 134 f., *110*,
    129
Schiller, Karl 92, 123 f., 126, *110*
Schmid, Carlo 56, 69 f.
Schmidt, Helmut 89 f., 103, 131, 135,
    138, 149 ff. *90*, *110*
Schröder, Gerhard (CDU) 87 f., 95
Schröder, Gerhard (SPD) 158
Schumacher, Kurt 46 f., 49–52, 69,
    152, *46*
Schütz, Klaus 54, 72 f., 78, 82, 84, 94,
    98, *75*
Seebacher-Brandt, Brigitte (3. Ehe-
    frau) 154, *153*
Seydewitz, Max 18
Soares, Mario 144, *153*
Sommer, Theo 134
Stalin, Josef 32 f., 96
Starke, Heinz 106, 120
Stauffenberg, Claus Schenk Graf von
    14
Steiner, Julius 122, 131
Stoiber, Edmund 158
Stoph, Willi 116
Strauß, Franz Josef 76, 88, 91, 105,
    121, 124

Stresemann, Gustav 87, 119
Strobel, Käte *110*
Suhr, Otto 56

Tarnow, Fritz 37
Thorkildsen, Carlota s. u. Brandt,
   Carlota
Trott zu Solz, Adam von 14

Ulbricht, Walter 58, 60, 62, 69, 116,
   118

Vansittart, Lord Robert Gilbert 39
Vogel, Hans-Jochen 70

Wagner, Wolfgang 130
Walcher, Jakob 14, 26 f., 30 ff., 47, 83,
   26
Wehner, Herbert 36, 69, 71 f., 82 f.,
   88−91, 105, 114, 132 f., 139 ff., *90,
   132*
Weizsäcker, Marianne von *153*
Weizsäcker, Richard von 152 f., 158,
   153
Wienand, Karl 122, 131
Wilson, Harold 95
Wolf, Markus 122

Zinn, Georg August 70
Zoglmann, Siegfried 106, 120

Über die Autorin

Carola Stern lebte bis 1951 als Lehrerin in der DDR. In den fünfziger Jahren studierte sie an der Freien Universität und arbeitete als wissenschaftliche Assistentin am Institut für politische Wissenschaft in West-Berlin. 1960 bis 1970 Leiterin des Politischen Lektorats im Verlag Kiepenheuer & Witsch. Daneben journalistische Tätigkeit für Zeitungen und Rundfunkanstalten. 1970 bis 1985 Redakteurin und Kommentatorin in der Hauptabteilung Politik des Westdeutschen Rundfunks. Zahlreiche Auszeichnungen, u. a. 1970 Jacob-Kaiser-Preis, 1972 Carl-von-Ossietzky-Medaille für ihre Tätigkeit bei amnesty international,

1988 Wilhelm-Heinse-Medaille. Ab 1987 Vizepräsidentin, seit 1995 Ehrenpräsidentin des bundesdeutschen P. E. N. Zahlreiche Buchveröffentlichungen, darunter eine Ulbricht-Biographie, ein Essayband über Menschenrechte und die Autobiographien «In den Netzen der Erinnerung» und «Doppelleben». Bei Rowohlt erschienen die Biographien über Dorothea Schlegel, «Ich möchte mir Flügel wünschen» (1991), und über Rahel Varnhagen, «Der Text meines Herzens» (1994); bei Rowohlt · Berlin «Isadora Duncan und Sergej Jessenin. Der Dichter und die Tänzerin» (1996), «Die Sache, die man Liebe nennt. Das Leben der Fritzi Massary» (1998) und «Männer lieben anders. Helene Weigel und Bertolt Brecht» (2000).

DANK

Bei der Materialbeschaffung waren mir behilflich: Gert Börner, Bernd Brügge, Christa Oberbremer, Franz Osterroth und Ingeborg Weiss. Mein ganz besonderer Dank gilt Thea Wernicke. Willy Brandt ermöglichte mir, im Willy-Brandt-Archiv beim SPD-Parteivorstand zu arbeiten. Das dort vorhandene Material war mir besonders nützlich für die Darstellung der Zeit von 1933 bis 1945. Bei der Bearbeitung dieser Neuauflage waren mir behilflich: der Leiter des Bundeskanzleramtes unter Willy Brandt Horst Grabert sowie die Mitarbeiter der Bundeskanzler-Willy-Brandt-Stiftung im Berliner Rathaus Schöneberg, besonders Carsten Tessmer.

Für eine Dokumentation im «Stern» zum 60. Geburtstag Willy Brandts und eine Hörfunksendung in mehreren ARD-Sendern aus dem gleichen Anlass haben hauptsächlich Peter Koch («Stern»), aber auch Ulrich Blank (WDR) und ich Jugendfreunde und enge politische Mitarbeiter Brandts interviewt. Auf dieses Quellenmaterial wird Bezug genommen, wenn es in den Anmerkungen der Kürze halber jeweils heißt: «Interview im Herbst 1973».

Besonders wertvoll waren mir die Arbeiten von Hermann Schreiber in «Der Spiegel» und von Rolf Zundel in «Die Zeit».

Für die Durchsicht des Manuskripts bzw. einzelner Kapitel, für Hinweise und Ratschläge danke ich besonders Egon Bahr, außerdem Hermann Bortfeld, Harold Hurwitz und Günter Struve.

QUELLENNACHWEIS DER ABBILDUNGEN

Foto: akg-images, Berlin: Umschlag-vorderseite (AP), 3, 6 (AP), 8, 57, 136 (AP), 159

Willy-Brandt-Archiv im Archiv der sozialen Demokratie der Friedrich-Ebert-Stiftung, Bonn: 10, 11 rechts (© Mecklenburgisches Landes-hauptarchiv, Schwerin), 12, 13, 23 (© Brigitte Seebacher-Brandt), 28, 39, 41 (© Stiftung Bruno Kreisky Archiv, Wien), 42, 49, 51, 73, 124, 140, Umschlagrückseite oben (Foto: Bundeskanzler-Willy-Brandt-Stiftung, Berlin)

© Elisabeth Armbrust, Hamburg: 11 links

Rainer Kripgans, Groß Grönau: 15

© Bildarchiv Preussischer Kulturbe-sitz, Berlin, 2002: 20

Privatbesitz Bad Godesberg: 26

Presse- und Informationsdienst der Bundesregierung, Bundesbildstelle, Berlin: 45, 79, 97, 107, 110, 121, 132

Privatarchiv: 46

Archiv der sozialen Demokratie der Friedrich-Ebert-Stiftung, Bonn: 53, 59, 147 (© Henning von Borstell, Köln)

The Associated Press, Frankfurt a. M.: 64, 71, 85, 152/153

dpa, Bildarchiv Hamburg: 67, 81, 90, 137, 155, 160

Landesarchiv Berlin: 75

Fotoagentur Sven Simon, Essen: 93, 102

Eupra, München: 115

© 1971 Time Inc. reproduced by permission: 119

Neue Revue: 129

© 2002 Andy Warhol Foundation for the Visual Arts/ARS, New York: 175 (Foto: akg-images, Berlin)

Keystone Pressedienst, Hamburg: Umschlagrückseite unten

Wir danken der Bundeskanzler-Willy-Brandt-Stiftung in Berlin für ihre freundliche Unterstützung.

Trotz sorgfältiger Recherchen konnten nicht alle Rechteinhaber ermittelt werden. Der Verlag ist bereit, berechtigte Ansprüche in üblicher Weise abzugelten.